U0461363

# 如何阅读海德格尔
# How to Read Heidegger

[美]马克·拉索尔(Mark Wrathall) 著
李贯峰 译

重庆大学出版社

目 录

丛书编者寄语

# 我如何阅读
# “如何阅读”丛书?

本丛书基于一个非常简单却又新颖的创意。初学者进入伟大思想家和著作家的大多数指南，所提供的要么是其生平传略，要么是其主要著作概要，甚或两者兼具。与之相反，“如何阅读”丛书则在某位专家指导下，让读者直接面对伟大思想家和著作家的著述。其出发点是：为了接近某位著作家的著述之究竟，您必须接近他们实际使用的话语，并学会如何读懂这些话语。

本丛书中的每本书，某种程度上都堪称一个经典阅读的大师班。每位作者都择录十则左右著作家原作，详加考察以揭示其核心理念，从而开启通向整体思想世界的大门。有时候，这些择录按年代顺序编排，以便了解思想家与时俱进的思想演变，有时候则不如此安排。丛书不仅是某位思想家最著名文段的汇编、“精华录”，还提供了一系列线索或关键，能够使读者进而举一反三有自己的发现。除文本和解读，每本书还提供了一个简明生平年表和进阶阅读建议，以及网络资源等等内容。“如何阅读”丛书并不声称，会告诉您关于这些思想家，如弗洛伊德、尼采和达尔文，甚或莎士比亚和萨德，您所需要知道的一切，但它们的确为进一步探索提供了最好的出发点。

正是这些人塑造了我们的智识、文化、宗教、政治和科学景观，本丛书与坊间可见的这些思想家著作的二手改编本不同，“如何阅读”丛书提供了一套耳目一新的与这些思想家的会面。我们希望本丛书将不断给予指导、引发兴趣、激发胆量、鼓舞勇气和带来乐趣。

西蒙·克里切利（Simon Critchley）
于纽约社会研究新学院

# 致 谢

感谢阅读本书并提出改进建议，以及与我一同讨论过解释和翻译问题的诸位朋友与同事。尤其感谢休伯特·德雷福斯、詹姆斯·福尔克纳、阿利亚纳·乌林、杰弗里·约翰逊以及詹姆斯·奥尔森对本书的贡献。[①]

① 本书在翻译过程中参考了中信出版社2015年出版的姜奕晖译本，特此致谢。——译者注

# 导 言

p.1 说起海德格尔，比起“如何阅读海德格尔”，“为什么要读海德格尔”的问题或许更能引起直接的关注。而在那些对他有所耳闻的人当中，许多人认为他是一个顽固不化的前纳粹分子，华而不实又喜欢故弄玄虚，更像诡辩家，而非哲学家，他像是一个反现代主义者和非理性主义者，热衷于问一些诸如“何为存在？”或“何为无？”之类晦涩费解的问题，然后给出类似“存在是非存在”或“无无着”这种更为玄奥的回答。

然而，海德格尔却是20世纪最重要的思想家之一。我们可以通过深受其著作影响的其他各路重要哲学家看出他的重要性——其中包括德国哲学家阿伦特、伽达默尔和哈贝马斯；法国哲学家萨特、波伏瓦、梅洛-庞蒂、福柯和德里达；以及英美哲学传统中的查尔斯·泰勒、理查德·罗蒂、德雷福斯和斯坦利·卡维尔等。人们还可以从海德格尔的著作所塑造的学科领域之多来观察其影响力：神学、人类学、社会学、心理学、政治科学和人文学科等不同领域的理论家都求助于海德格尔寻求灵感。

对于受海德格尔影响的人来说，在解读其哲学的过程中，最重要的并非他与纳粹主义之间那段不愉快的经历，也不是他的自命不凡，而是在于海德格尔作为一个思想家的原 p.2
创性及其思想本身的广度和深度。在他们看来，尽管海德格尔的著作难于理解，却穿透了几个世纪甚至几千年来的哲学错误，处理了关涉人类存在的核心议题——真理、语言、人的本质和知识的基础。

从某种意义上说，关于海德格尔的争议是哲学的身份危机（即关涉哲学适当的角色和愿景）在英语世界的体现。随着自然科学在近代的成功以及随后确立的威信，哲学作为“最可贵的学问”（柏拉图，《理想国》489C）的地位已经被取代了。分析哲学家（他们基本上对海德格尔的著作不屑一顾）通常对哲学的地位采取一种谦逊的态度。对他们而言，哲学必须做出选择：它要么成为对过去哲学立场的历史研究，要么借由概念和语言分析成为经验科学的辅助。因此，哲学可以协助科学厘清概念，梳理理论上的混乱，或许会让我们更清楚地意识到，以思想和语言作为表现世界的方式存在的局限性。具有分析敏感性的哲学家往往把海德格尔视为向腐朽的旧形而上学（即非科学）玄思的倒退——这使得他凸显为无力或拒绝给出清晰的、符合逻辑的、分析性的论证。曾经加入纳粹党的经历，只会让分析哲学家更轻易地忽视他，或者用一个脚注将其打发。约翰·塞尔准确概括了分析哲学领域对海德格尔的反应，他说："大多数英美传统的哲学家似乎认为海德格尔充其量是一个反启蒙主义的糊涂虫，往坏处想就是一个不知悔改的纳粹分子。"（塞尔，第71页）

p.3 从分析哲学的视角来看，哲学一旦涉及人生目的和现实本质这类大问题，就会有陷入灾难的危险。因此，分析哲学很少触及这些问题。英语世界对海德格尔的正面接受是由这样一种印象塑造的：他的著作批判了经验科学的卓越性，并且恢复了哲学的高贵地位。沃尔纳·布鲁克首次将海德格尔的著作译介到英语世界，他于1935年在伦敦大学的一次演讲中总结道（这段话在早期关于海德格尔的英文文献中被频繁引用）：

> 在《存在与时间》中，海德格尔的目标……是要表明，我们远远没有达到哲学探究的终点，……我们几乎还未窥察到必须要被攻克的最基本的问题，这样做所依靠的不是只关注自身有限存在领域的科学，而是只有未来的哲学家……通过这个主题性的任务（其普遍性超越了当代学院哲学的所有其他努力），海德格尔试图再次将哲学提升到一定的高度，这一高度在19世纪的科学时代，似乎已经永远丧失了。（布鲁克，第116—117页）

在当代哲学界，许多人与布鲁克一样，认为海德格尔是分析哲学家所认可的那套谦逊和低调哲学形式的对立者。而所谓的“欧陆哲学”，这一哲学运动将自己视为分析哲学的对立面，并将海德格尔看作恢复哲学往日辉煌斗争中的胜利者。总的来说，欧陆哲学家们认为分析哲学放弃了宏大的哲学问题，转而对语言的功能进行细枝末节的学术化探究，使自身变得毫无意义。欧陆哲学家相信，海德格尔表明，分析 p.4
哲学将哲学定位为相对于科学的辅助位置，这无异于一种哲学上的天真——不加批判地相信科学自然主义和哲学逻辑是获得终极现实性的途径。

布鲁克等人促成了将海德格尔视为反科学和玄思哲学捍卫者的最初印象，而这一印象又很快以有趣的方式发展成为这样一幅图景：它同时支持了分析哲学对海德格尔的排斥和欧陆哲学对他的依赖。1938年，玛乔丽·格里克斯曼针对海德格尔的哲学发表了一篇批评性的评论，其中总结了分析哲学家对海德格尔的担忧：

> 因而，这些就是海德格尔哲学中的若干元素：除了给出一种全新诠释之外，彻底与传统哲学决裂；拒斥科学态度；沉浸于现象当中，随后用绕口的名头让这些现象改头换面，同时在这些名头基础上构造故弄玄虚的教条；最后，此类体系建立在对心理学和认识论现象看似合理的描

> 述和对经验可理解的概括之上。（格里克斯曼，第104页）

格里克斯曼进一步指出，海德格尔方法的一个关键特征是“预先阻止来自科学、逻辑或常识的任何干扰”（同上，P.97）。除了“故弄玄虚的教条”这个不经意的表述之外，格里克斯曼对海德格尔的哲学与方法的描述，许多海德格尔的支持者也能写得出来，而且同样具有惊人的时代性，尽管随后著作的出版和翻译会对其所描述的这幅图景提出质疑。结果是，对许多“欧陆哲学家”来说，任何让海德格尔的思想
p.5 更清晰，恢复其论证结构，并将其视为介入到关于语言和心灵的哲学论争中（恰是这些论争让20世纪的分析哲学充满活力）的努力，都被视为一种背叛，它背叛了海德格尔作为一个思想家的根本性，以及他为克服现代哲学的困境所做出的革命性成就。

在我看来，使海德格尔在英语世界被接受最重要的原因是，人们逐渐认识到这幅为海德格尔绘制的形象是夸大其词的——可以肯定的是，其中当然包含一些精髓。但它也歪曲了很多东西，而且是以强化分析性思维的严谨性和欧陆哲学与生活经验的关联性之间的虚假对立形式完成的。它通过误读海德格尔对自然科学范畴的抵制，他对现象学描述的使用以及由此产生的逻辑论证在其作品中的位置的真实意义来达成这一点。这一发展伴随着在分析思维传统中接受训练的哲

学家转向海德格尔哲学，并发现其中蕴含着关于某些传统观念局限性的丰富洞见，如人类存在、“心灵”、语言的本质等——这些传统观念也是分析哲学家竭力要克服的。与此同时，在欧陆哲学传统中接受训练的哲学家发现，分析哲学既不像人们想象的那样枯燥乏味，也并非与人生的“宏大问题”毫无关联，许多分析哲学家从事的研究工作与海德格尔自己重新思考人类存在的本质和我们在世界中的位置的努力有着异曲同工之处。

海德格尔对思想的贡献是什么？尽管其艰涩和非常规的行文（就这一点来说，对海德格尔的一般印象没有错）带来了挑战，但为什么他仍然值得我们努力去理解？海德格尔发展出一套合乎逻辑的思考和谈论人类存在的方式，而没有将其还原为某种自然科学现象，或者将其视为游荡在物理世界 p.6
中的幽灵般的心灵，这便胜过了20世纪中的任何思想家。这也启发了艺术家和社会科学家，他们奋力体认人类存在的尊严和自由；启发了试图警惕科学探究局限性的科学家；同时也激励了我们所有人，让我们重新思考人类在历史中的位置，以便我们以此作为科学和技术文化的行进方向。

1

# 此在与在世界之中存在

p.7 此在是这样一种存在者：它在其存在中有所领会地对这一存在有所作为。这一点提示出了形式上的生存概念。此在生存着，另外此在又是我自己向来所是的那个存在者。生存者的此在包含有向我属性，那是本真状态与非本真状态之所以可能的条件……

但我们现在必须先天地依据于我们所称之为“在世界之中”的这一存在建构来看待和领会此在的这些存在规定。此在分析工作的正确入手方式即在于这一建构的解释中。“在世界之中存在”这个符合名词的造词法就表示它意指一个统一的现象。这一首要的存在实情必须作为整体来看。我们不可把“在世界之中存在”分解为一些复可加以拼凑的内容，但这并不排除这一建构的构成

环节具有多重性。(《存在与时间》，第78页)[①]

海德格尔复杂难懂的风格以及对哲学术语不受约束的使用（有人称之为“黑话”）会让阅读《存在与时间》的新手感到挫败。上面这段引文颇为典型，这其中以海德格尔特有的方式使用了若干术语。实际上，单从第一句话来看，其中 p.8
要么包含着对“海德格尔语”不熟悉的人来说十分陌生的术语，要么在技术化和不常见的意义上使用日常用语：“存在者”、“存在”、“有所作为”和“此在”。英语世界的许多读者从未摆脱初读时的挫败感，这就导致许多人将海德格尔的著作视为含混且故弄玄虚的东西而拒绝去接受。我认为这种印象是错误的——海德格尔会以真实的洞见回馈耐心的读者。阅读海德格尔的困难大部分来自这样一个事实，即他在尝试做一些并非日常语言为此而设计的事情——讨论我们生存的最基本特征。日常语言非常适合谈论日常对象、事件和体验。诗人往往需要让我们的日常语言承受相当大的压力，以表达非同寻常的经验，即便如此，我们还是会感到有些东西就是无法用语言来表达。海德格尔认为自己作为哲学家的任务与诗人非常相似，他愿意歪曲德语来帮助我们理解那些无法真正用语言和概念捕捉的经验和事物。英语读者还有另

① 中译文引自：海德格尔：《存在与时间》，陈嘉映、王庆节译，熊伟校，陈嘉映修订，生活·读书·新知三联书店，2006年4月第三版，全书同；引文中标注的页码均为本书作者引用的英文版或德文版页码。——译者注

外一个不利条件，那就是要通过译者的眼睛来阅读海德格尔，译者并不总是能理解他的意思，而译文也无法始终将他的思想以最自然和易懂的方式转换为英语。本书将会不时地纠正或更改译文，使其更为清晰。

正如海德格尔本人所教导的，所有理解都在一个循环中进行。我们用作者的描述把我们引向讨论的主题，而用我们自己对该主题的理解作为破解作者描述的线索。当我们在对事物的描述和所描述的事物之间来回移动时，对二者的理解
p.9 就会丰富起来。这正是阅读海德格尔的必由之路——让他的描述教你如何看待事物，正如你让事物本身引导着自己对海德格尔的术语进行解释。尽管并非完全尽如人意，但海德格尔的哲学“方法”，通过描述处于问题根源的现象来解决哲学问题，这样的描述可以被视为规避了任何形式的歪曲。当然，“现象”一词显得更加像哲学行话了。在其最基本和最广泛的意义上，现象仅仅意味着“就其自身而显示自身”的东西（《存在与时间》，第51页）。当我走过一座公园时，看见各种树木、长椅、狗和其他人。目下所及的每一样都是一种现象，是我可以体验到的东西。按照物理学家的说法，这些树木、长椅和狗由原子和分子组成；而生物学家告诉我，树木、狗和人都是由DNA构成的；心理学家和哲学家则对我说，人类的本质在于其思维。但是，当我走过公园时，原子、DNA和思维并未显示自身。它们或许经由那些确确实实显现着的东西来昭告自己，但我并未直接经验到它们。

海德格尔说，“现象学”意味着，让人从显现的东西本身那里如它从其本身所显现的那样来看它（《存在与时间》，第58页）。现象学要求我们与经验中出现的事物保持关联，并学会以其显现自身其所是的方式来看待它们。当一个物理学家试图说服你，说你的“真实”所见是物体反光面上反射过来的光波，那么其论点就是非现象学的。他混淆了两种不同的事物——一种是我们的身体与物体在世界中的因果关 p.10
系，另一种是我们对世界的体验实际上是什么样的。因此，物理学家的解释偏离了你真实的直接体验——公园、长椅和人群——并试图用陌生的术语重构这种体验。因为这种解释混淆了两类不同事物——体验和原因——这种重构最终引发的问题实际上比解决的问题还要多。心理学家和哲学家一直在徒劳地努力解释，四处反射的光波如何能够被转化为公园长椅之类的体验。现象学家认为，对现象的明晰考察通常会比任何哲学论证都能更有效地化解此类问题。我们并未看到过光波，也从未见过光波在我们视网膜上投射的图案。这意味着，我们从来都不需要将光波和光学投影转化为公园长椅和人。

在前述引文中，海德格尔对我们每个人的存在进行了现象学的描述。在尝试理解其描述的过程中，你应该不断参考自身关于你之所是的经验。让海德格尔的描述引导你反思，作为一个人而存在意味着什么。不过，你也应该保持批判性——对照自己的经验来检验他的描述。

海德格尔最富创新性和最重要的洞见之一是，人类存在建立在我们总是已经在某个世界之中找寻自身的基础上。按照开始于笛卡尔（1596—1650年）的传统，整个世界有可能是一场盛大的幻觉，但心灵却可以思其所思，感其所感。相反，海德格尔认为，具有思想和感觉只对积极参与世界之中的存在才是可能的。在《存在与时间》中，海德格尔用了相当大的篇幅对在世界之中存在所关涉到的内容进行了详尽的现象学描述。以这种描述为基础，他认为，哲学传统忽视 p.11 了世界的真实特征以及我们人类在世界之中存在的本质。他将人类之所是的那种存在称为“此在”。

第一批翻译海德格尔著作的人并未翻译“Dasein”这个词，[①]这种做法沿用至今。实际上，在受海德格尔启发的英语文本中，Dasein这个词的使用非常普遍，它甚至在《牛津英语词典》中也有自己的词条。从字面上来看，Dasein意味着“此之在”（being-there，由德语的Da-此，和Sein-存在构成）。在德语口语中，“Dasein”意思是“存在”，但海德格尔用它专门指代像人类这样的存在者。他的意思并非人类*具有*“此在”，而是说我们每个人都*是*一个此在。由于我们在世界之中存在的方式，所以我们才是一个此在。海德格尔特意因为这个词的字面含义选择使用它——此在永远有一个“此”，即一个它在此领会如何有所作为，以及它在其中与其他存在

① 例如《生存与存在》一书。

物之间产生意义关联之地。诸如“主体”或“理性的动物”等其他任何关于人类的哲学名称，都未能捕捉到海德格尔眼中人类的独特之处：我们总是发现自己被特定的物体和器具包围，被卷入特定的活动或目标，而这一切都有助于建构一个独特的情境。

前述引文第一句话说，“此在是这样一种存在者：它在其存在中有所领会地对这一存在有所作为。”“有所作为”（to comport）指的是表现自身或实现自身。我们会说她在一场战斗中表现得很勇敢，或者说他在公司聚会上表现很差，但通常不会说某个人对某个事物“有所作为”。[①]海德格尔对这个词语的改动表明，每一个特定的行动或思想都由我们自我表现的作风或方式发展而来。如果我在办公室聚会上冒犯了自己的上司，那么这个行为的根源就在于我不良或迟钝的作为。同样，每种作为或自我表现都是涉及特定事物或人的 p.12
行为。勇敢践行自己的人，只有在她对某个对象*做*某事时才

① 实际上，海德格尔用以表达“有所作为”的德语动词sich verhalten是相当含混的，既可以表示与某物之间的关系（sich verhalten zu...），也可以指行动、表达或表现自身的一种方式（sich verhalten gegenüber或sich verhalten mit）。引文开头第一句话更自然的翻译应该是：“此在是在对其存在所领会中与这种存在相关联的存在。”但海德格尔认为，我们所有的本真关系，都是从针对与我们关联的对象，有所作为或以适当的方式表现自身的能力之中生发出来的：“如果朝向……的行为是原始的或仅仅是行为的话”，或者换言之“本真性意义的行为……发源于独立的纯粹践行的行为”（《对亚里士多德的现象学解释》，第52页）关于海德格尔对德语术语“Verhalten”所产生的含混性的讨论，参见上书51—53页。

是如此。比如她不屈不挠地与敌人斗争。此在最基本和最重要的作为就是对存在有所作为。这意味着，一个此在所做的某件特定的事，源自于世界中某种特定的生存作风或态度，在行动中，此在将自身与对其存在的理解关联起来。正如我们将会看到的，这最终意味着，与其他存在不同，此在有能力为其在世界中的生存方式担负起责任。

“某物的存在指的是它在其所依据的基础上成为其所是。”我们如今倾向于只承认一种存在方式或样式，即物理实体的存在。我们假定一个事物的*真正*所是，在于其物理构成。一团泥土之所以是泥土，是因为它所具有的物理属性。我们可以借助科学仪器测定这些属性——泥土的质量、反射光的波长（即颜色），泥土在水中的溶解度、化学反应性等等。作为泥土其所是，就要具备这些物理属性。因此，泥土的存在是由物理属性决定的。事实上，我们往往认为几乎所有事物都有同样的存在样式。（公园长椅*实际上*只是以某种特殊方式安排的物质实体，甚至人*实际上*也不过是某种生物有机体。）

相比之下，海德格尔则相信存在方式的多样性；他认为，无论是物质性还是“实体性”都只是存在样式的一种（《存在与时间》，第122—125页）。此外，海德格尔称，此在和有意义的对象（比如公园长椅和锤子之类）还具有不能被还原为其所具有的物理属性的多种存在方式。一如其存在样式，有意义的对象与其他有意义的事物结缘。锤子之所

以是锤子，乃是由于它与钉子和木板等事物之间的关系，以 p.13
及它在锤击等活动中的用途。海德格尔在后期著作中还思考了其他存在样式，如动物生命和艺术作品等。

此在之存在的一个关键特征——使我们成为如此这般实体的东西——在于我们对自身的存在有所领会，因而也就能够对自身的存在有所作为。这便将此在与大多数自然实体（岩石、树木、蝎子、电子等）和人工制品（房屋、计算机、股票市场等）区分开。这些事物无法对自身的存在有所领会，因此也没有能力对其存在方式有所作为。当树木生长时，它对于自己作为一个有生命之物的存在，既不会反复确认，也不会怀疑自己作为一个生命体的存在——树木不过是其所是。但人所做的一切会强化或削弱我们在世界中的生活方式。

海德格尔在我们这段引文的第二句和第三句中指出了此在的存在方式：“这一点提示出了形式上的生存概念。此在生存着。”海德格尔以一种技术式的态度使用“生存”这个词；非此在的事物（比如雪花和快艇之类）虽然不“生存”，但并不意味着它们不存在。相反，这意味着它们具有不同的存在样式。只有当某一事物的存在方式是对其理应如何是其所是的一种特殊解释时，才属于海德格尔意义上的“生存”。这个生存概念对法国存在主义运动产生了深远影响，是萨特“存在先于本质”口号的直接灵感来源。萨特用这句口号表达的观念是：没有一种绝对的、不变的、理想化的成为人的方式。①

海德格尔将生存描述为此在“是其自身或不是其自身”的可能性（《存在与时间》，第33页）。因为我不是必须以我
p.14 的方式生活，因此最终要由我来负起我是谁，我要如何生活的责任——我是否会承担起成为我之所是的责任。因而，正如海德格尔在前述引文中指出的，此在的一个基本特征是“向来我属”（mineness），即我的存在属于我自己；我是何人是我的特征，而不是别人的。

海德格尔将这种我们自己承担存在责任的生存方式命名为“本真性”（Eigentlichkeit），这个词来自形容词eigen，意指本己或属己的东西。Eigentlich的意思是真实的或本身的，因此，本真的此在是指成为自己的人，即成为一个个体，并且借此实现其作为此在最真实的一面——即承纳自己的“向来我属”，以及为自身存在自行做出决断的能力。相比之下，非本真的此在未对自身负责，而是以他人认为应该的方式生活着。海德格尔认为，确实存在着一种倾向性，那就是把决定一个人该成为何种人以及如何成为这样的人的权利让与他人。责任令人恐惧。但是，即便非真实的存在，即使“不是自身”的此在，也是此在要负责任的东西。倘若我是非真实

---

① 但海德格尔并不认同萨特对存在与本质之间关系的思考方式。海德格尔认为，萨特过于轻易地将其对人之生存的思考等同于对其他事物实体性的思考，而海德格尔则将生存视为向我们开启了重新解释的可能性，这是实体性事物所不具备的。参见海德格尔：《关于人道主义的书信》。

的，我的非真实存在仍然是属于我的。

在这方面，萨特和法国存在主义者再次受到了海德格尔的深刻影响。此在本身无法逃避的责任，这种观点经由萨特另一句著名的口号得到了表达：“我们被迫处于自由之中。”但海德格尔并不会认同萨特表达这一观点的方式，因为后者没有充分认识到我们责任的限度。萨特在某种程度上仍然依附于始于笛卡尔的主体性传统。按照笛卡尔的观点，人从根本上说并非在世之中的存在，而是主体，主体是具有精神状态和经验并能够独立于周围世界状态的存在。笛卡尔这样来
阐释：“我是一个本体，它的全部本质或本性只是思想。它 p.15
之所以是，并不需要地点，并不依赖任何物质性的东西。”（《谈谈方法》，第18页）[①]依此观点，我是何人并不受到我意识到自己被卷入其中的各种现实、具体关系的影响。依照这种主体性观念，萨特的极端自由观有一定道理——我可以通过改变自己对事物的思考方式来改变我为何人。

相比之下，对海德格尔来说，我们的存在方式不是在我们的思维本质中找到的，而是在一个我们生存于其中的、有特定事物和既定做事方式的地方找到的。我们的存在意味着能对自己的所为负责。但这并不是说我们可以任意忽视世界对存在所设定的界限。世界为此在提供了可以行事的特定范围。世界敞开了各种可能性（比如成为音乐家或冶金学家）；

① 中译引自商务印书馆王太庆译本。——译者注

为追求这些可能性提供了各种工具（比如双簧管、吉他和鼓）；同时，它还确立了行事的风格和规范。因此，世界给了我们一片可以自由活动于其中的领域，但也为我们制定了要直接服从的标准。

此在之所以能对其存在明确表态基于这样一个事实：正是在其存在中，此在在世界中有所作为，并将自己与其他实体关联起来。我们具有何种类型的存在，我们承载自己的方式以及过着何种生活，都与我们意识到自己所处世界的状态密切相关，不可分割。例如，一个音乐家将自己的生命奉献给音乐的能力，取决于，并被这样的事实所塑造：在我们的世界中，已经存在着各种乐器、音乐实践、表演、录制和传播音乐的机构，以及许许多多非音乐的机构、物品和实践。p.16 比如由于在我们的社会中生活需要为食物和住房付款，所以音乐家追求艺术的能力会受到日常需求和欲望的影响。因为在没有任何必须如此的固定方式的情况下，此在*之所是*将永远是它所做的决定，它培养的技能、习惯和实践，以及它在其中发现自己的对象、制度和其他世界结构的复杂产物。海德格尔在我们上文援引的段落中做出结论说，此在并非一个独立于周围对象和世界而自行决断的主体。此在从最根本上来说是“在世界之中存在”。海德格尔这个复合名词的“造词法就表示它意指一个统一的现象。这一首要的存在实情必须作为整体来看。”此在不可能离开世界而存在，换言之，世界也不能没有此在。而何为此在，只能在它于世界中行事的过程中从世界中直接理解。

# 2

# 世 界

p.17

“此在的存在中包含有存在之领会。领会在某种领会活动之中有其存在。如果此在本质地包含有在世这种存在方式，那么对在世的领会就是此在对存在的领会的本质内涵。从世内来照面的东西向之次第开放的那种东西已经先行展开了，而那种东西的先行展开不是别的，恰是对世界之领会。而这个世界就是此在作为存在者总已经对之有所作为的世界。

这一先行的“因……缘……”的了却因缘则基于：对“结缘”、对了却因缘的“何所缘”、对因缘的“何所因”这些东西都有某种领会。这些东西以及它们所凭据的东西，例如有因缘所缘的“所用”，例如一切“何所用”归根到底要归宿于其上的那个“为何之故”，所有这些东西都必定在某种可理解性中先行展开。作为在世界之中的存在，此在先于存在论就领会着自身。而此在在其中领会自身的那个东西是什么？在领会上述诸种关联的联络之际，此在出于某种“能存在”，而把自己指引到了某种“为了做”。这种能存在可能是言明地也可能是未言明地得到掌握的，可 p.18
能是本真的也可能是非本真的，总而言之，此在就是为这个能存在之故而存在的。而那个“为了做”则把某种“所用”先行标画出来了。这个“所用”便是了却因缘所可能具有的“何所缘”。从结构上说，了却因缘总是让“何所因”去结缘。此在总已经出自某种“为何之故”把自己指引到一种因缘的“何所缘”那里。这就是说，只要此在存在，它就总已经让存在者作为上到手头的东西来照面。*此在以自我指引的样式先行领会自身；而此在在其中领会自身的“何所在”，就是先行让存在者向之照面的“何所向”。作为让存在者以因缘存在方式来照面的“何所向”，自我指引着的领会的“何所在”，就是世界现象。*而此在向之指引自身的“何所向”的结构，也就是构成世界之为世界的东西。

此在向来已经以这种方式自我领会着；此在源始地熟悉它自我领会之所在。这种熟悉世界不一

> 定要求对组建着世界之为世界的诸关联进行一种理论上的透视。”（《存在与时间》，第118—119页）

现代科学对世界的研究建立在科学方法的理想基础上，这是一种在方法论和客观的意义上收集事实并制定理论的方式。对方法的强调是基于一个明显触动到我们现代人的事实：我们日常对事物的理解有可能掩盖了自然真实的运作。还有什么比太阳早晨升起，在天空中移动，晚上在西边落下更显而易见的呢？然而，事情的真相是，感官在欺骗我
p.19 们——人其实是在围绕太阳运动。科学只有在有方法地学会规避对我们来说情理之中的世界，即在我们自然的、日常与事物打交道过程中所显现的世界时，才开始发现支配自然秩序的规律。正如弗朗西斯·培根在1620年所言，科学进步要求我们首先清除“现在劫持着人类理解力并在其中扎下深根的假象和错误的概念，不仅围困着人们的心灵以致真理不得其门而入。”（《新工具》，第38章）培根处理的第一个“假象”是“错误断言人的感官是事物的量尺。正相反，不论感官或者心灵的一切觉知总是依个人的量尺而不是依宇宙的量尺；而人类理解力则正如一面凹凸镜，它接受光线不规则，于是就因在反映事物时掺入了它自己的性质而使得事物的性质变形和褪色。”（《新工具》，第41章）[①]因此，为了将科学

① 中译引自商务印书馆许宝骙译本。——译者注

建立在一个良好的基础上，有必要开发出一种方法，以过滤掉我们不可避免地施加给世界的主观变形。

科学在很大程度上听从了培根的建议。科学家们克制自己，不理会我们人类对事物、事物之间的关系，以及对事物的感觉和评价那种显而易见的理解方式，而是尝试中立地看待事物。他们的目标是只分离出事物那些具有因果效力的属性。由此带来的结果颇为令人赞叹，我们现在已经要承认，人类“赋予”事物的价值以及“附加”在事物上的意义或许在这个世界中*根本就*不存在。所以J.R.麦基可以言之凿凿地坚称，“不存在客观价值”，如道德上的善、责任、义务、美等，“不是世界基本结构的组成部分。”（《伦理学》，第15页）毕竟尚未有科学的方法来解决关于价值的正义，比如决定一幅画是否具有美学价值。因此，诸如此类的价值评断似 p.20
乎是一种我们强加给无意义和冷漠宇宙的投射——用培根的话说，是“对事物本质的扭曲和变色”。我们寓居的世界*无非是*物理对象的集合。

果真如此吗？科学在解释和模式化物理宇宙行为方面的成功，是否真的可以支撑这样的结论，即我们在世界中发现的所有意义都是一种主观投射？海德格尔认为，得出这个结论就是将宇宙和世界混为一谈了（参见《现象学的基本问题》，第165页）。他愿意承认最好通过自然科学来探索物理宇宙。在当前时代，没人会真的相信我们可以通过自己对事物的日常理解发现物理现实的本质——例如，电子和夸克的属性之类。但是，我们也会在一种颇为正当的意义上用“世界”这个词来命名完全不同的东西，一些诸如组织我们的活动以及与我们周围的事物和人之间的关系等特殊类型的东西。以这种方式理解的世界，根本不适合用物理科学的方法来研究。相反，我们只有通过某种方式找到进入世界的方法，以及它所生成的关于事物的经验，才能理解一个世界。各种各样的书都在帮我们感受异域的世界——《宗教改革的世界》，《得克萨斯政治世界》，《玛雅人的世界》或者《自杀式炸弹者的世界》。尽管相同的物理和化学定律实际上同样适用于得克萨斯政治家和自杀式炸弹袭击者，但从真正的意义上来讲，他们栖居于不同的世界。

海德格尔认为，在这个意义上理解的世界，本身就是一
p.21 种真正的现象，而且不能还原为单纯物理对象的集合。一个我们理解的、对我们有意义的、赋予我们日常生活中遭遇到的所有事物以结构和条理的世界——这样的世界让我们有可能对世界中的事物采取行动、进行思考和体验。正如本章开篇引文所示，海德格尔认为，此在（我们所是的那种存在）的一个基本特征是对世界有所领会，而且它始终对世界有所作为。如果我们被物理科学的成功所左右，坚持认定*真正*存在着的是粗糙的物理对象，那么我们就无法认识到自己的一切作为是如何被世界塑造的。这就意味着我们终究无法理解自己。

如果世界不是一个物理实体，那它是什么？世界如何塑

造我们遭遇的事物和我们施行的活动？理解世界指的是什么？本章开篇引文中一开始就宣称，此在存在的本质特征，作为此在意味着什么就是对世界有所领会。意思是说，只有当某个事物理解了如何“对世界有所作为”才是一个此在。我们有时会认为领会由我们对特定事实或命题的了解组成。若海德格尔对此是基于这种考虑，那么他的主张可以表述为：每个此在除了知晓关于特定对象的某些事实之外，还知晓与事物所在的世界有关的事实。那么，举例来说，只需要了解自杀式炸弹袭击者相信何种事实（可能是真主会奖励殉道者之类），我们就可以理解他们的世界。不过当然，这样一个世界与我们自己的世界之间的关系是如此陌生，以至于无论我们对其中的事实有多少了解，仍然很难真正理解它。

正因为如此，海德格尔才会特别指出“领会在某种领会活动之中有其存在”。对他而言，领会不是我们占有的东西 p.22
（事实的集合或若干知识），而是我们的所作所为。此在的领会于其所作所为的方式中获得。例如，我们对烹饪的领会是在我们处理食材、厨具、火炉和烤箱、食谱的方式中获得的。这种领会并不在我们关于烹饪的真实断言能力，或者我倾向于赞同的某些关于烹饪的真实命题之中。同样地，对世界的真正领会也不等同于对世界中事实的了解，而是知晓如何生活于其中。实际上，可能的情况是，我们在自己的世界中越自在，对世界所知的“事实”就越少——我们领会的东西变得如此明显，以至于很难注意到，更不用说明确阐明它了。正如海德格尔指出，“熟悉世界不一定要求对组建着世界之为世界的诸关联进行一种理论上的透视。”相反，对世界的熟悉通过在直觉上领会事物成为其所是的方式得以完成。

生活在世界之中，我们都会体验到诸如开车去上班之类的日常行为，办公室和办公桌之类的物体，以及顾客或主管之类的人，这些事物以一种有意义和有秩序的方式相互协调在一起。我通过以正确的方式和适当的目的施行行为，通过在合适的情境中准确使用物体，以及通过恰如其分地与人打交道来证明自己理解了这个世界。相比之下，如果我对自己所处的世界不了解，就无法合理地行动，或者在特定情况下做出适当的举动；也就不知道什么是物体，如何使用它们，不知道它们与其他物体有何关联。因此，就会对周围的事物和人做出不适当的事。

p.23 这里的“适当性”是由组织世界的过程中何种方式有效、何种方式无效所决定的。这不仅是事物和活动如何进行组织的一种功能，也与我们经由这样的组织活动产生的既定期望和行为倾向有关。适当性不只是我们可能恰好对事物感受方式的一种结果。用大锤砸碎鸡蛋来做蛋奶酥似乎并不合适。这部分是由于大锤和鸡蛋的物理属性，但也部分出于我们对蛋奶酥的社会实践和处理方式——吃蛋奶酥时不喜欢里面混有松脆的蛋壳。比如我们有时会说，孩子“活在自己的世界里”，原因是他们缺乏对事物何以如是的领会以及成年人对事物的态度和处理方式。成长在很大程度上就是被引入到成人世界何为适当何为不适当的感觉中的过程——这是一种我们成年人用直觉来把握的感觉。

举例来说，电影和小说热衷于描绘外星人或时间旅行者身处异域世界时无法理解的场景。他们总是觉得自己处于令人费解的窘境中，因为他们不明白如何行事，或者如何将对象和行为联系起来。1991年曾发生过与另一个世界相遇的真实案例——在冰川融化的阿尔卑斯山中发现了一具五千年前的木乃伊。这个“冰人”保存得非常好，同时发现的还有各种各样的复杂工具。关于这些木制工具，一位研究人员指出：

> 这些工具呈现出的树木种类颇为惊人。但这绝非偶然。每一种都是为了满足某些通常极为不同的需求而制作的，因此所选的原材料需要适合特定的人体工程学和技术前提条件。冰人始终会选择最适合的木材。这就需要有相当多的经验， p.24
> 而诸如此类的经验在我们的文明中几乎已经消失了。(斯皮德尔，第216页)

理解工具到底是什么以及如何使用它们，有时需要借助“实验人类学”，此类研究通过铸造古代物品的复制品，进而实际地尝试将它们与原本在古代环境中的其他东西一起使用来重建这些物品的意义。

我们就像实验人类学家一样，在婴儿时期就经由被教导着做事而进入到世界之中。可以说，知道做*什么*是领会世界的必要前提。用海德格尔的话说，事物之间的因缘“都必定在某种可理解性中先行展开了”。我们必然会以事物可理解地为着这样那样的目的，用在这样那样的地方来看待它们。我们“先行”看到了这一点，意味着我们无需刻意对自己说(就像实验人类学家在某些时候理所当然地做的那样)，“这个一头儿钝重的有趣物件，一定是拿来砸东西的。”相反，我们只是把它直接看作一把锤子。

尽管看清*如何*处理事物对于理解世界至关重要，但只有当我们同时凭借直觉看清这样做是*正确*的，以及以这种方式来做*有意义*时，才能说真正栖居于世界之中。正如海德格尔所言，在理解世界的过程中，此在做事“就是为了这个能存在之故而存在的”。每个世界都给了我们不同的“存在之潜能”，不同的可以成为或可以生活的方式。在得克萨斯州的政治世界里，一个人可以做政治家或记者，却没有成为国王和公爵的空间。当我栖居于世界之中，便以其中一种方式生
p.25 活，自此之后，我所做的一切都是为了成为这样一种人。而此时，世界中的一切都依照我为自己的存在所做的决定而显现。

海德格尔认为，世界通过向我们提供不同的可能方式来赋予我们生活秩序，从而构造出各种活动。这些是潜在的存在方式，我们为着这样的存在方式而做其他事。我们从事的各种不同活动都以此为基础（它们“最终归溯于其上”）。

假设我在花园里挖坑，有人问我："为什么？目的是什么？为什么挖这个坑？"我回答说："这样做是为了种树"。这个人又问："为何种树？"我又说："这样秋天就能吃到新鲜的桃子。""为什么？""这样就可以烤桃子馅饼了。""为什么？""这样就能养活我的家人"。"为什么？""这样我就能成为一个好父亲。"话已至此，如果我这位爱打听的朋友还问"为什么？"我就没法进一步回答了。我已经到达做其他那些事情的目的。世界通过为我们提供某些存在的可能性（比如成为维京人首领、摇滚吉他手或自杀式炸弹袭击者），最终将某种秩序和意义施加在人的活动上。相反，例如在一个成为自杀式炸弹袭击者并非"能存在"的世界中，各种各样可能的行为（身上绑着炸弹背心）都会被排除在外，因为这样做毫无意义。

以同样的方式，世界最终将现实地赋予显现在世界中的对象以结构。如海德格尔所说，世界"让存在者与之照面"，世界"向其开放"以发挥作用。有人可能会认为，当世界"让一把铲子与我们照面"或"向铲子开放"时，这些都是出自我们自己的有意行为，通过这些行为我们把一些物理对象变为一个铲子（或许使用铸钢锻造刀片，把木头做成手柄）。铲子不只是一个具有某些物理属性（如颜色、质量、密度、形状等）的物理实物。当然，它确实具有这些物理属 p.26
性，但只有在它能与铲土或挖花园和壕沟等其他活动配合使用时，才成为一把*铲子*（而不是一个*坚硬*、*沉重的物体*）。

因此，世界的存在向铲子开放，从而使其得以成为一把铲子，一套有序的活动和实践也在此基础上成为可能。我们通过主动领会世界，使事物如其所示，因为在领会世界的过程中，我们让自己进入了一个自己的行为与铲子结缘的空间中。

那么，当我们拿起铲子使用它时，究竟如何与其结缘？设想面前有一排工具：圆头铲、尖头铲、挖沟铲、雪铲等。我们怎样决定用哪一把？它们有共同点：都*可以用来*挖东西。用途将它们一起归类为铲子，并且与其他工具如尖镐、手推车和厨房搅拌器等区分开。但是，它们彼此之间也是经由不同的*用途*划分的。雪铲无法挖开压实的土；挖沟铲不能对付一大堆雪一样松散的东西。假设一个人选了尖头铲，因为他想在花园里挖一个洞，目的是种一棵树。在做出这一选择时，人们不仅预设了铲子的一般用途，而且还设想它可以用在其他东西上。紧实的土壤决定了人们会选择尖头铲。除此之外，对铲子的选择不仅要考虑恰当使用铲子的物体，还有挖掘时旁边的其他物体。这样的考量就决定了铲子的其他特征：如果我在距离近的地方挖洞，就会选择短柄铲。若我
p.27 挖洞是为了栽种树的根球，还会用卷尺来确保树洞不会太深。不过，我不需要像挖喷灌管道沟渠那样，挖出一条干净整齐的洞，所以用不着挖沟铲和圆头铲。

关注这些细节起初在哲学上似乎显得颇为无趣，但可以帮助我们看清，世界本身作为一个非物理实体的存在如何影响事物的物理结构。正如上文所言，我们从事的活动决定了

铲子的实际构成，而这些活动最终又由世界为我们提供的可能存在方式所决定。如果挖沟壕在某种程度上不能帮助我们实现最终的目标——我们为此而做其他所有事的目标——那么，在我们的世界中，这就会是一项毫无意义的活动。因此也就不会有挖沟壕的铲子了。但是，世界却能深入到对象结构的细微之处。之所以如此，是因为通过开启存在的可能性和结构化活动，世界也决定了将会如何使用事物的情境。铲子会与其他特定的对象（沙土或岩土，雪或木屑等）*一起*使用，这取决于它在帮助我们实现目的时所起到的作用。用海德格尔的术语来说，铲子具有一种“何所因”。根据工具所服务的特定目的，以及所应用的特定对象，它必须或长或短，或窄或宽，或尖或圆。单纯只是通过赋予我们何种生活值得过，何种生活不值得过的意义，世界最终对我们在日常生活中忙碌着的所有对象和活动施加了深刻的影响。

但世界究竟*是*什么？海德格尔告诉我们，世界是我们发现自己的地方。它是积极领会（即体现我们知道如何去做以及为何这样做有意义的理解）的“所在之地”。这种领会并 p.28
不是像果酱在罐子里一样，位于物理空间当中。若是这样，自杀式炸弹袭击者和得克萨斯州政治家就会仅仅因为居住在同一空间而栖居于同一个世界。相反，领会栖居于一个可能性的领域之*中*。当我领会这个世界时，发现自己身处一个特殊的情境，在那里我为自己提供了各种不同的“因缘”，以及为我的生活带来秩序和目的的不同方式。当我在这些“存在的可能性”中选择了一种，就会发现，世界之所以如此安置，是为了在追求这种生活方式时允许使用特定的活动和对象。

总之，世界是我们的所有行为有意义之所；我们在知晓如何行事中领会世界。世界具有一个结构，它由我们的文化中适用于我们各种不同行为、目标、角色和组织生活的方式融汇而成。(因此，即使我们扮演着不同的角色，也可以共享同一个世界，因为我们的行动相互交织，彼此支撑。) 作为此在，我们在自己的一切所做之事中对世界的结构做出回应。

但是，可能性的空间本身并不是物理科学可以直接进行研究的那种实体。尽管人类学家可以通过做事进入这个空间，比如通过试用冰人的木制工具，但可能性的空间绝不会是可以客观测度或描绘的东西，相反，它是一种必须被领会才能发现的东西。海德格尔认为，若对物理科学的敬畏让我们把任何无法被科学理论化的东西视为非真实，那么，我们
p.29 就有可能会忽视这个世界。这反过来也会使我们无法理解自己，因为正如我们所见，世界是我们行动的基础，也是我们与周围其他一切事物联系的基础。

# 3

# 在世的结构 第一部分：现身与情绪

p.30 在存在论上否定情绪是此在的原始存在方式，否定此在以这种方式先于一切认识和意志，且*超出*二者的开展程度而对它自己展开了……于是我们得到了现身的第一项存在论的本质性质：*现身在此在的被抛境况中开展此在，并且首先与通常以闪避着的背离方式开展此在*。

……情绪朝我们袭来。它既不是从“外”也不是从“内”到来的，而是作为在世的方式从这个在世本身中升起来的。这样一来，我们便也就不再限于消极地划分现身同对“内心”的反省掌握之间的界限，而进一步积极地洞见到现身的开展性质。*情绪一向已经把在世存在作为整体展开了，同时才刚使我们可能向着某某东西制定方向*。有情绪并非首先关系到灵魂上的东西，它本身也绝不是一种在内的状态，仿佛这种状态尔后又以谜一般的方式升腾而出并给物和人抹上一层色彩。在这里就显现出了现身的*第二项本质性质*。世界、共同此在和生存是被同样源始地展开的，现身是它们的这种同样*源始的展开*状态的一种生存论上的基本方式，因为展开状态本身本质上就是在世。

除了现身情态的这两个已经阐明的本质规定 p.31
性，即被抛境况的开展和整个“在世界之中”的当下开展，还有*第三项*须加注意，这一点尤其有助于更深入地领会世界之为世界……在存在论上若谈得到同上手的东西的无用、阻碍、威胁等等发生牵连，就必须从存在论上对“在之中”本身先行做如下规定：它可能以这类方式*牵涉*世内照面的东西。这种可发生牵连的状态奠基在现身之中，是现身情态把世界向着可怕等展开了。只有现身在惧怕之中或无所惧怕之中的东西，才能把从周围世界上手的东西作为可怕的东西揭示出来。现身的有情绪从存在论上组建着此在的世界的敞开状态。……如果不是现身在世的存在已经指向一种由情绪先行标画出来的、同世内存在者发生牵连的状态，那么无论压力和阻碍多么强大都不会出现感触这类东西……*从存在论上来看*，

> *现身中有一种开展着指向世界的状态，发生牵连的东西是从这种指派状态方面来照面的。*（《存在与时间》，第175—177页）

《存在与时间》对我们思考“作为人类意味着什么”产生了巨大影响。通过阐明人类本质上由其在世界中的存在方式所定义，以及清楚表明由此产生的后果，海德格尔诠释了如何更好地理解我们自身存在的某些可能会令人迷惑的方面。例如，只要我们认为人类真正重要的是理性——从柏拉图开始一直到康德及其后的哲学家都有这样的假设——激情就会给我们带来悖谬。一方面，缺少爱、欢乐和希望的生活 p.32 对我们来说缺少吸引力；另一方面，激情似乎颇为非理性——它们往往毫无意义，会扰乱我们清晰、理性地思考某件事的能力，而且它们经常拒绝服从我们更合理的判断。理性与情感之间的斗争，是我们存在的一个基本特征的表现——具体表现方式便是，我们永远无法完全自由地行动，也不会完全由自身控制之外的力量所决定。

对于那些推崇完全理性的生存理想的人而言，我们既不能最终掌控自己的情绪，也无法完全控制塑造和包纳着我们的世界，这似乎颇为令人沮丧。但对海德格尔来说，缺乏完全的控制并不是失败或缺陷，而恰恰是使“发生牵连的东西和我们照面”成为可能的条件。人类存在的本质始终在我们于世界中获得自由与服从世界之间找到自己。正如我们所见，海德格尔更愿意将我们这样的存在称为“此在”，其字面意思是“在此-存在”。要称为此在，就是始终生存于“此”，生存于一个有意义的、独特的行为环境中。如今是21世纪，我正在自己的办公室陶醉于所读的这本书中，作为一个大学教授般的存在生活着。这是我的“此”，而每个此在都总在诸如此类的“此”中发现自己。我的“此”本身贯穿于我决定自己生活的自由和屈服于我无法决定的事物之间的紧张关系中。我们在“此”中的自由与屈从于“此”之间的另一种相关的紧张关系，体现在我们特定的情绪中。海德格尔认为，情绪是我们存在之一般结构的实例，他称之为“心理状态”（state-of-mind），即我们在世界中现身的方式。不过将海德格尔的术语Befindlichkeit译为“心理状态”并不好，我会用更准确的“现身情态”（disposedness）一词替代。[①]

为了理解海德格尔所说的情绪和现身情态，让我们先试 p.33
着感受一下他讨论的现象。比如想想带有害怕这种情绪是什

① 翻译为“心理状态”具有误导性，因为它会给人带来这样一种印象，好像我们在世界中发现自己的方式是精神性的或仅仅是“心理上的”。但这与海德格尔的意图相去甚远：Befindlichkeit一词来自动词befinden，字面意思是“被发现”（词根finden意思是“找到”）。因此，形容词befindlich是在某物存在、某物在世界中“可以找到”的情况下使用的。从字面意思上来看，befinden也可以用来指一个人发现自己所处的条件或状态。为了捕捉到Befindlichkeit的所有这些含义，最佳的英文译法或许是disposedness，因为它既包含了世界中实体的现身概念（它们被发现的存在方式），也包含我们关于这些实体所具有的条件或现身状态（比如发现自己与这些实体之间或好或坏的现身状态）。所以我用“现身情态”这个词来替代“心理状态”。

么感觉（海德格尔在《存在与时间》中就讨论了这个例子，第180—182页）。想象一下，你正走在一条陌生的巷子里，享受着黑夜的宁静，突然听到身后传来窸窸窣窣的声音，紧接着是急促靠近的脚步声。你感觉到了身体的某些变化，虽然可能还没有明确意识到这一点：脉搏加快，肌肉紧绷。你加快了脚步，四处张望，搜寻着其他人和逃离小巷的路。你开始紧盯着小巷的尽头，心里想着如何应对那个潜在的袭击者。一切看起来与刚才完全不同，你会突然注意到此前并未关注的东西（你清楚地看到侧面的小巷或许是一条退路，还会全神贯注辨别刚才完全没注意到的声音）。同样的道理，你刚才一直关注的东西也消失了。在一瞬间，夜晚的宁静，你对月光的沉醉，关于这个夜晚愉快的回忆统统一扫而光，因为你感觉自己受到了威胁。

如果我们关注诸如此类的经验，如海德格尔所言，首先认识到的就是“情绪向我们袭来”。“袭来”这个词海德格尔用的德文是überfallen，这个表达更有诗意。它的字面意思是“突然开始行动”，因此带有“惊讶”“攻击”“夺取或抓住”之意。换言之，我们所处的情境会带来怎样的影响并不完全取决于自己；其中还有一个必要的被动因素。例如，如果一个朋友让我打起精神，我不可能直接就让自己振作起来。相反，我需要做一些事，把自己放到能够让自己开朗起来的情
p.34 境中去。因此，情绪不是传统意义上主观的东西——它们并非“从‘内’而来”，我也不会单凭主观意愿将它们投射到

情境中去："有情绪并非首先关系到灵魂上的东西，它本身也绝不是一种在内的状态，仿佛这种状态尔后又以谜一般的方式升腾而出并给物和人抹上一层色彩。"小巷中的恐惧不是来自我本人，就像振作心情一样。我们可以说，小巷*着实*令人害怕，或者房间或聚会*真的*让人开心。说诸如此类的情绪并非仅仅主观还有另一个事实支持，那就是公共情绪。我们能够与他人共享在某种情景下产生的恐惧、欢欣或者希望（比如球队在主场比赛的第90分钟进了一球）。

相比于单纯主观，情绪也不是完全客观的。它们并非"从'外'而来"。黑暗的小巷不是客观上令人恐惧；也不是每个人都会在那里感到害怕，甚至不是说我自己每次走过那里都会害怕。正如海德格尔在引文中所言，情绪是"从在世本身中升起来的"。情绪来自我们的自我作为，以及我们与周围事物和人之间的关系，这一整套行为方式。

让我们总结一下，对恐惧的例子进行思考我们学到了什么。首先，我在小巷中感受到的恐惧表明了我在周围世界中所处的状态——它展现了面对威胁我是何等脆弱，需要庇护等等。其次，我们发现这使得作为一个整体的情境以颇为不同的方式呈现出来，也让我们聚焦和引导自己去关注这个整体中的特定事物。最后，当我感到恐惧时，就是在体验着事物，它们以一种特殊的方式与我发生牵连，而它们对我而言可能重要，也可能不重要。所有这些特征共同显示了世界对我的指派——我接受世界向我展示的样子，并在这个世界的

p.35 参照下发现自己，同时我也接受了世界对我应该如何行事的决断。我不得不接受如此这般的事实，由于我没有办法在小巷中保护自己，而且由于袭击者的体型、力量和武器，要转身与袭击者对峙并无意义。但逃跑却有意义。

“现身情态”概念点明了这种对恐惧的描绘中所隐含的结构。恐惧不过是与我们发现自己所处的情境有所牵连的方式之一。快乐、愤怒、冷漠，实际上所有其他的情绪都以不同的方式让我们与自己所处的环境有所牵连。海德格尔对现身情态的描绘是为了向我们揭示出，当我们发现自己“处于”自由行事和世界的指派之间时，所有不同的情绪、它们不同的表现方式，它们的共同点是什么。尤其是他确定了现身情态与我们的恐惧体验特征相对应的三个基本特征。

海德格尔在前述引文中告诉我们：第一，现身情态“在此在的被抛状况中开展此在”；第二，现身情态“把在世存在作为整体展开”；第三，现身情态是我们“指向世界的指派，发生牵连的东西是从这种指派的状态方面来照面”。（或者如海德格尔在他处所言，此在“不断将自己交付给‘世界’，让自己同‘世界’‘有所牵涉’。《存在与时间》，第178页）

海德格尔将我们总是发现自己“被抛入”或“交付给”无法控制的环境中的方式称为“被抛状态”。我们注意到，感到恐惧时，我们既不能控制自己的感受，也无法控制所处的情境。同样，从出生那一刻起，直到死亡，我们都会受到一些我们几乎无能为力之事的制约，比如谁是我们的父母，我们生活在何时何地，我们的肤色和眼睛的颜色，我们在自己的生活处境中会遇到什么样的自然资源或其他人群等。我们还发现，自己受制于一套可能的生活方式——在今天，我可以成为汽车修理工或者记者，却做不了德鲁伊特教徒或法老。当然，我们可以在一定范围内改变自己的“被抛状态”，但我们改变自己被抛状态的可能方式，甚至都是被抛入以及受到牵制的。被抛状态是人类存在的结构性特征，我们总是发现自己被抛入某种情景当中，并以这样的被抛状态所提供的可能方式而存在着。 p.36

关于被抛状态的第二条主张——“把在世存在作为整体展开”——海德格尔指出，当我们处于某种情绪时，一切都显现为具有某种统一性的“音调”“味道”或“感觉”。当我们感到无聊时，一切要么显得无聊，要么显得重要，目的是为我们提供某种方式来转移无聊感。我们已经看到恐惧如何让作为整体的情境与心情平静时的表现不同——受到惊吓时，事物显现的角度是对我们产生威胁，抑或允许我们逃离威胁。但是，这种两极分化的效果远不是对现实情境的扭曲，而是“刚使我们可能向着某某东西制定方向”。①情绪通过帮我们决定在给定的情况下，哪些东西值得注意，哪些又

① 当然，我们都知道情绪有时会扭曲我们对某种情境的体验——只需想想奥赛罗可悲地向嫉妒心屈服。但这并不是说，我们要将自己从所有的情绪中解脱出来。相反，这表明在应对某种情境时，存在着正确的和错误的情绪。奥赛罗本应怀疑伊阿古才是。

消退为难以察觉之物而达成这一点。若非如此，世界就会变成一连串扑朔迷离的特征和切面——它们实在太多，无法有效应对。

最后，被抛状态是一种对世界指派的接受，它让事物与我们发生牵连。在恐惧中，我们看到了自己被抛入的情境是如何规定了所能企及的可能性。通过恐惧，某些可能性变得重要，另一些变得无关紧要。海德格尔认为，事物与我们发生牵连的方式并非由我们自由决定，而是由世界的安排方式
p.37 以及我们在世界中的现身方式所施加的。海德格尔在前述引文中指出，让事物以一种特定的方式照面，是“本来就是寻视着让某某东西照面，而不是一味感受或注视”。“寻视”应该按照字面意思理解为“四处张望”。对海德格尔来说，它是一种我们对世界的观察或体验，当我们与事物的关系由我们所牵涉的其他事物和筹划所衡量时，就有了这样的观察和体验。例如，当我在客厅铺设大理石地砖时，我看到瓷砖与其他事物“开展着”——灰泥、其他瓷砖、壁炉和已经完成的工作。我看到每个特定的事物，是通过看到周围其他相关的事物，以及它们可能用于做出的筹划而实现的。此外，这种观看方式，进入到按照我的筹划而展开的情境当中，并对其做出反应。正如海德格尔在引文中所言，这种观看方式总是带着某种情绪——这是一种我们接受世界并受其影响的方式。

总而言之，在世存在是涉及我们总是以一种特定的方式

发现自己处于世界之中的。我们有一个“此”，也就是，有一个在其中行事和存在的有意义的结构化情境。此-在的一个构成要素在于，世界总是以一种我们无法完全掌控的特定方式现身或安排。另一个要素在于，我们总是以特定的方式现身于事物；而事物则始终以这样或那样的方式与我们牵连。事物发生牵连的方式体现在我们的情绪上，情绪通过让我们以不同方式现身于世界中的各种事物来支配和构建我们的作为。因此，现身情态是一种“调和”，是对世界中的事物进行协调并由这些事物所协调的方式。这样的现身情态我们永远无法完全掌控。但这远远不是对我们自由的侵害，而是使自由成为可能的条件。现身情态让我们与事物发生牵连，也让我们准备好应对与之照面的事。否则，我们就根本没有行动的基础。

# 4

# 在世的结构 第二部分：领会与解释

p.38.

作为领会的此在向着可能性筹划它的存在。由于可能性作为展开的可能性反冲到此在之中，这种领会着的、向着可能性的存在本身就是一种能存在。领会的筹划活动本身具有使自身成形的可能性。我们把领会使自己成形的活动称为“解释”。领会在解释中有所领会地占有它所领会的东西。领会在解释中并不成为别的东西，而是成为它自身。在生存论上，解释植根于领会，而不是领会生自解释。解释并非要对被领会的东西有所认知，而是把领会中所筹划的可能性整理出来……

对世界的领会展开意蕴，操劳着寓于上手事物的存在从意蕴方面使自己领会到它同照面的东西一向能够有何种因缘。“寻视揭示着”这句话意味着，已经被领会的“世界”现在得到了解释。上手事物现在*明确地*映入有所领会的视见之中。一切调整、整顿、安排、改善、补充都是这样进行的：从“为了作……之用”，着眼把寻视中上到手头的东西加以分解，并按照现在已能看清的被分解的情况对之操劳。寻视依其“为了 p.39
作……之用”而加以分解的东西，即明确得到领会的东西，其本身具有“*某某东西作为某某东西*”这样一个寻视上的结构。寻视寻问：这个特定的上手事物是什么？对这个问题，寻视着加以解释的回答是：它是为了作某某东西之用的。列举“为了作什么”并不单纯是给某某东西命名：问题中的东西被认作为某种东西；被命名的东西也就作为那种东西得到领会。在领会中展开的东西，即被领会的东西，总已经是按照下述方式而被通达的，那就是在它身上可以明确地提出它的“作为什么”。这个“作为”造就着被领会的东西的明确性结构。“作为”组建着解释。寻视地解释着和周围世界的上手事物打交道，这种活动把上手的东西“看”*作为*桌子、门、车、桥，这种打交道不必同时以进行规定的命题来分解寻视着加以解释的东西。对上手事物的一切先于命题的、单纯的看，其本身就已经是有所领会的，有所解释的……以有所事的方式对切近之物的素朴

> 的看源始地具有解释结构，反过来，恰恰是对某种东西的近乎没有“作为”结构的把握倒是需要做出某些转变。在纯粹凝视之际，“仅仅在眼前有某种东西”这种情况是作为不再有所领会发生的。这个没有“作为”结构的把握是素朴地领会着的看的一种褫夺。它并不比素朴地看更源始，倒是从素朴地看派生出来的。我们不可因为“作为”在存在者层次上不曾被道出就误入迷途，就看不到“作为”结构正是领会所具有的先天的生存论建构。（《存在与时间》，第188—190页）

保罗·克利《金鱼》(1925年，藏于汉堡美术馆)

还有什么比我们领会自己的世界更不言自明？当然，总有一些东西让我们无法领会。但当我处理日常事务时，或多
p.40 或少会领会到自己的行为，正在处理的事情，以及周围发生

的事。当我看见一幅画，比如保罗·克利的《金鱼》时，立即就会明白眼前画的是一条鱼在深水中游动，位于画面中央的是一条金鱼，而且这幅画价值非凡，此外还多多少少领会到一些其他事实。

然而，如果我们接受现代派的观点，认为实体“*到底*是什么”是由科学告诉我们的，那么我们对世界的领会就看似不言自明却又难以理解。观看一幅画这种简单的行为，以及理解一幅画是什么，似乎遮蔽了一个令人费解的复杂过程。毕竟科学告诉我们，我们并没有真实地看到“*一幅画*”；相反，我们看到的是物理对象表面反射的“*光波*”。光波的反射特性由颜料的物理结构、画布、环境照明条件等决定。它刺激着视网膜上的数百万个光感受器。科学告诉我们，我的大脑以某种方式处理来自眼睛的信号，并将其转换成对保罗·克利这幅杰作的体验。但我们并未实实在在地看到名画——我们明白这一点，因为光波并不能携带使一幅作品成为杰作的西方艺术体系的信息。光波至多只带着关于颜色和形状之类东西的信息。这意味着，我们对所见事物的领会是思维或大脑对世界中的物理事件所提供的刺激模式进行处理的复杂产物。当我们把某些粗糙的物理事实“*当作*”某种东西来看待时（比如说一幅金鱼画），*就是在领会*。

传统思想即是如此。实际上，如果说自海德格尔写下《存在与时间》以来的近80年里有什么变化的话，那就是哲学家越发甘于向科学屈服，将解释我们的感官输入如何被加工成对世界理解的任务交给了科学。

p.41 如果问题在于大脑的物理功能如何实现，哲学家们当然应该向科学让步。但这是否意味着在解释我们对世界的理解方面，哲学家已经无能为力？而我们所理解的并非大脑的某种状态，而是世界中的事物。因此，海德格尔认为，我们对世界中事物的所有体验，都牵涉到某种领会和解释。毕竟我们会把绘画理解为绘画。但领会和解释并不是大脑的状态，而是它们在世界中的行为方式。

因此，哲学仍然有一项任务要完成，而且脑科学并不能取代这项工作。哲学能够澄清领会的本质，并在此过程中帮助科学明确它们试图解释的到底是什么。比如我们在前文讨论过的观点——我们的领会是处理关于世界的粗糙物理事实的结果——误导了许多人，使他们认为我们首先体验到的事物是无意义的，之后再将主观意义施加于其上。但是，我们对世界的体验证明事实并非如此。如果我们停留在现象上，就会认识到，比如说看一幅画时会马上就会将其看作一幅画。在正常情况下，我们不会先将它看成一堆无意义的色块、纹理和形状的混合，然后再有意将其解释成一幅画。实际上，这需要“某种转变”，需要刻意努力以陌生的眼光来看待事物，以防将其视为我们已经领会的某种对象。我们对世界的体验充斥着对于事物何其所是或它们如何被使用的领会。即使我们遇到不熟悉的东西，也是在我们对世界基本领
p.42 会的背景之下进行的。陌生之物以格格不入的形式显现，这

意味着我们之所以能够这样看待它，是因为我们领会了什么属于这里。

对世界基本的熟悉和领会是做一切事情的基础。我们之所以能自由行动，自行决断，只是因为领会了对我而言做什么是可能的。如果没有任何领会，世界将会以一团毫无意义和令人迷惑的混沌呈现。但它们在解放我的同时，向我开放的可能性也限制了我——它们“反冲到”了我这里。那么，就像我们的情绪和激情在世界中现身的存在方式一样，我们对世界基本的领会解放了我们，同时也显示了我们能做的事。要充分了解人类的状况，以及我们自我决断的潜力，就必须把握我们对世界的领会是如何运作的。尤其需要注意到，我们目前领会事物的方式，在多大程度上限制了我们能做的事，以及能够探索领会世界的新的可能性到何种程度。

说我领会了某物是什么意思？海德格尔将领会描述为“朝向可能性的筹划”。意思是说，当我们把握了它可能被使用的方式，或者可能发生在它身上的事情时，就对其有所领会。举例来说，对一把剪刀的领会在于，我从它如何与世界上其他事物的牵连入手对其有所领会。剪刀能很好地完成剪切纸张、布匹和绳子的工作。但用它们来剪纸板箱似乎有些困难，而且也根本不能剪断一块橡木板。当然，无需通过将剪刀能剪和不能剪的东西归类，我就可以对其有所领会，但如果对它们能用来干什么以及不能用来干什么没有一种直观
感受的话，却终究不能说自己对剪刀有所领会。如果我对剪 p.43

刀的“了解”仅仅包括认识到它们是由两片黑色的椭圆物，连接到三角形的光滑长条金属上而构成，那就不会有人说我“*领会*”了剪刀。那么，把某物看作一把剪刀，就是把握了它们为我提供的各种剪切用途的可能性。因此，我不必为了领会剪刀而去思考它们。对海德格尔来说，领会在本质上并非一种认知行为。当我有了使用剪刀的身体技能时，也就以最好的方式领会了它——当我的双手知道怎么握住和操作它们时。是否对它们有过任何思考，或者有什么特殊的信念，都决定不了我是否领会了它们。

值得注意的是，习惯性的做事方式限制了我们通常领会事物的可能性。例如，在《憨豆先生》中有一个令人难忘的场景，主人公用裁纸剪刀剪出面包片来做三明治（他还把刚洗过的生菜放进袜子里甩干，用鞋碾碎胡椒）。当然可以用剪刀剪成面包片，但这并不是我们通常领会的剪刀的可能性。这表明，我们栖居的世界限制了可能性的范围。并不是任何事都可以随心所欲。这就让我们更有理由对认为大脑是从粗糙的物理刺激中构建世界的传统观念产生怀疑。按照传统观念，一幅画并不是“*真正*”的画。我们只是把从画布的颜料上散射出来的光波所产生的刺激当作一幅画。但海德格尔对领会的解读让我们认识到，使绘画成为绘画的意义结构是建立在世界之中的；它并不仅仅是我们大脑的创造。画作
p.44 属于用具和活动的整个背景——它们被挂在画廊里或祭坛上，被放在拍卖会上买卖，被悍匪劫走，有关于这些画作的

书籍，甚至在某些情况下还有保护它们的法律。这些世界性的背景颇为真实，它们构建了我们与绘画的关系，对绘画使用，甚至观看绘画的方式，无论我们恰好对它们有何种想法。将一个物体视为杰作，这其中的信息似乎并非由光波所携带。但此类信息存在于世界之中，如果我们具有相关技能，就会感知到它。

如此一来，我对世界的领会也就包含着对周围各种事物、各种人与我自己，以及它们彼此之间的可能关联方式的把握。其中最重要的就是我本身的可能性。对我来说，成为一个什么样的人有许多可能的方式。我有可能成为一名音乐家、律师或者一个渔夫。还有很多可能性也被我的世界阻断了——虽然如今成为一个补锅匠非常困难，但成为一个骑士却是不可能的。一旦我设定了某条道路，赋予自己的生存以目的，比方说做一个音乐家，那么当我把握到了追寻这一目的的不同可能方式时，也就领会了这个选择的意义。我可以演奏古典吉他或爵士吉他，可以演奏其他作曲家的音乐，也可以演奏自己创作的音乐。但我却不能以一个音乐家的身份把所有事情一起都做了；我的世界中音乐的可能存在方式限制了我。换言之，在成为一名音乐家的过程中，我“*筹划*”或“*催逼*”着我的世界所敞开的可能性。那么，当知道如何在我的世界里行事，也就是如海德格尔所言，知道如何筹划我的世界所敞开的各种可能性时，就领会了这个世界。

我们用领会做事，从而使其发挥作用。当我们按照领会

行事时，必然会发展和完善最初只是模糊把握的东西，在此过程中，可能会发展出领会事物的新方式。海德格尔将这个
p.45 领受某种领会，并使之为我所用的过程称为“解释”。正如海德格尔在前述引文段落中指出的，解释是“把领会中所筹划的可能性整理出来”。他还在其他地方将解释描述为“将领会付诸实施的模式……具体而言就是对领会中所发现的东西进行培养、占有和保存。”（《时间概念史导论》，第265页，有改动）海德格尔在前文的引述中指出，在解释中“领会有所领会地占有（比如说，把它变成我们自己的）它所领会的东西”。我们应该在如下使用方式中理解“解释”：音乐家解释贝多芬的晚期弦乐四重奏，或者演员解释莎士比亚的《理查三世》。演员或音乐家通过以自己的方式表演或演奏来解释，要做到这一点，他/她既没有明确表明自己正在提供某种解释，也没有明确指出所给解释的任何特定特征。同时，音乐家不可能随心所欲地演奏她想演奏的一切音符，《理查三世》中的演员也不能即兴发挥台词。他们需要在这些作品本身所敞开的可能性范围之内解释作品。海德格尔强调，解释不必对被领会之物“获悉”（Kenntnisnahme这个词更好的翻译是“对某物有所认识”）。相反，它是一种对可能性的接收和发展。因此，我在解释某物时不必对自己进行任何思考。正如海德格尔在其他地方所言，“源始的解释过程不在理论命题句子中，而在‘一言不发’扔开不合用的工具或替换不合用的工具的寻视操劳活动中”。（《存在与时间》，第200页）解

释像领会一样，本质上不是一种认知行为。我们可以通过审慎的思考或谈论、书写某物，明确地、有主题地将其解释为某物。但我们同样也可以单纯通过使用来解释它。 p.46

与笛卡尔以来的大多数哲学家不同，海德格尔将人类的基本活动——看、领会和解释等诠释为朝向世界的实践取向，而非某些精神状态。当我们看到什么东西时，总是会把它“看作”某物。但这并不意味着我们必须接收一个粗糙的、无意义的实体，并且强加给它主观的意义。相反，这说明我们总是会对世界本身所建构的意义做出反应。对海德格尔来说，“观看”就是直观地把握我们自己与某一事物之间积极联系的可能性。因此，我们对世界的领会和解释，要在我们生活于其中的那些可能性中找到。

哲学对人类存在精神维度的强调，使我们更容易将解释人类领会的任务让位给科学。这是因为精神状态显然直接依赖大脑状态，所以我们很难抗拒“或许能够发现心智的生理基础”这类想法。但是，海德格尔强调在世界之中存在，对于受此影响的哲学家来说，我们对世界的领会显然不能还原为一种大脑的状态。尽管海德格尔的观点在哲学家和心理学家当中仍然属于少数，但他的基本见解已经被后来的思想家以重要的方式采纳和发展。其中包括梅洛-庞蒂对主流心理学理论的批判，德雷福斯对主流认知科学和人工智能中某些研究项目的批判，以及查尔斯·泰勒对社会科学中还原主义规划的批判等。

# 5

# 日常与“常人”

p.47 此在作为日常共处的存在，就处于他人可以号令的范围之中。不是他自己*存在*；他人从它身上把存在拿去了。他人高兴怎样，就怎样拥有此在这各种日常的存在可能性。在这里，这些他人不是*确定的*他人。与此相反，任何一个他人都能代表这些他人。要紧的只是他人的不触目的、从作为共在的此在那里趁其不备就已接收过来的统治权。人本身属于他人之列，并且巩固着他人的权力。人之所以使用“他人”这个称呼，为的是要掩盖自己本质上从属于他人之列的情形，而这样的“他人”就是那些在日常共处中首先与通常“*在此*”的人们。这个“谁”不是这个人，不是那个人，不是人本身，不是一些人，不是一切人的总数。这个“谁”是个中性的东西：“常人”。

前面曾显示公众的“周围世界”如何，总已
经在切近的周围世界中上到手头而且一同被操劳
了。在利用公共交通工具的情况下，在运用沟通
消息的设施（报纸）的情况下，每一个他人都和
其他人一样。这样的共处同在把本己的此在完全
消解在“他人的”存在方式中，而各具差别和突
出之处的他人则更是消失不见了。在这种不触目
而又不能定局的情况中，常人展开了他的真正独
裁。常人怎样享乐，我们就怎样享乐；常人对文 p.48
学艺术怎样阅读怎样判断，我们就怎样阅读怎样
判断；竟至常人怎样从“大众”抽身，我们也就
怎样抽身；常人对什么东西愤怒，我们就对什么
东西“愤怒”。这个“常人”不是任何确定的人，
一切人——却不是作为总和——倒都是这个常
人。就是这个常人指定着日常生活的存在方式。

“常人”本身有自己去存在的方式。前面我们把共在的一种倾向称为“庸庸碌碌”，这种倾向的根据就在于：共处同在本身为平均状态而操劳。平均状态是“常人”的一种生态论性质。“常人”本质上就是为这种平均状态而存在。因此“常人”实际上保持在下列各种平均状态之中：本分之事的平均状态，人们认可之事和不认可之事的平均状态，人们允许他成功之事和不允

> 许他成功之事的平均状态等。平均状态先行描绘出了什么是可能而且容许去冒险尝试的东西，它看守着任何挤上前来的例外。一切优越状态都被不声不响地压住，一切源始的东西都在一夜之间被磨平为早已众所周知之事，一切奋斗得来的东西都变成唾手可得之事，一切秘密都失去了力量。为平均状态操心又揭开了此在的一种本质性的倾向，我们称之为对一切存在可能性的“平整”。（《存在与时间》，第164—165页）

海德格尔认为，在笛卡尔之后，现代哲学出现了一个致命的错误转折。之所以说这是致命的，因为它决定了几乎所有后来思想家的研究规划。为了抵抗哲学中的笛卡尔传统，海德格尔常常返回到先哲那里——尤其是亚里士多德和前苏格拉底哲学家——以此为在他看来已经陷入死胡同的哲学寻找一条出路。

笛卡尔的关键步骤是假定我们知道的并不是世界上的事
物，而是我们对事物的思考。其最著名的结论便是：“我思
p.49 故我在。”这一结论是通过拒斥任何无法获得绝对确定性的
信念而得出的。他推断说，即便他会在其他一切事物的存在
上被欺骗，也不可能在“正在思考”这件事上被蒙骗，因为
即便为了相信一个虚假的想法，一个人也必须正在思考——
也就是说，存有某种信念。笛卡尔将其哲学大厦建立在一个

可靠的信念上，即他不可能被自己的所思欺骗。这样做的目的是将我们的理解置于坚实的基础之上，使其免受怀疑的困扰，因为即便我们对自己所思的真实性存疑，也无法质疑我切近了自己的思想。但是，这一成就却付出了可怕的代价。它让我们对心灵之外事物的认识产生了怀疑。

因此，笛卡尔将我们的虚假信念作为他的典范案例。当我们确信某些事物为假时，实际上只是对某个想法做出了思考，而不是关于世界上的真实存在。如果我们以错误的信念为例做出结论，就很容易假设一个人真正能够直接知晓的是其思想。这些想法可能代表了事物的存在方式，也可能没有。就此而言，洛克、贝克莱和休谟等哲学家都忠实地追随了笛卡尔，他们都认为观念的帷幕让我们与世界之间产生了区隔。甚至康德也以自己的方式延续这一传统，接受了我们无法切近事物本身的看法。

一旦假设我们即刻或直接知晓的只是自己的思想或事物
的表象，那么是否真的能确定其他人的存在自然就成了问
题。毕竟我们无法直接触及他人的思想。因此，我只能推断
他心的存在。正如牛津大学的哲学家艾耶尔给出的解释，
“我会相信其他人具有经验，而且他们的某些经验至少与我
自己的经验具有相同的性质，唯一的理由就是他们的外在行 p.50
为与我的相似”（艾耶尔，第346—347页）。但是，由于我
们从来没有直接的证据证明其他人的经验，因此，其他人的
存在从来就不确定。

当现代哲学家为他们无法证明显而易见之事——比如我们在这个世界中并不孤独——而忧心忡忡时，现代社会的批评家则担心他人对我们个人生活产生的不可避免的影响。随着技术提升了教育、经济和政府控制生活机制的效率，这些批评家越来越焦虑，他们担忧我们与他人的影响之间没有足够的区隔。现代社会成为一个越来越规范化的社会，对独特个性的容忍和接纳程度越来越低。例如，奥斯卡·王尔德就抱怨说：

> 有谁能在自己死前“拥有自己的灵魂”。爱默生说，“在任何人身上，最难得的莫过于出于本心的行为”。这话没错。可大多数人都是他人。他们的思想是别人的想法，他们的生活来自模仿，他们的激情也引自他人。（王尔德，第105页）

似乎是为了强调原创思想的稀缺，王尔德引用他人的话来表明，就连他自己对循规蹈矩的批评也不是原创的。像王尔德、爱默生和其他思想家如尼采和克尔凯郭尔一样，海德格尔对现代社会中规范化的危险颇为关注。但他也看到，这种规范化行为方式的倾向，并不是我们可以或应当要完全克服的。相反，这是作为人类的一个基本组成部分。而且，海德格尔在绝妙的笔触中看到，人类本质上的“与他人共在”
p.51 是解决现代哲学家的唯我论忧虑，即我们永远无法知晓他心存在问题的关键。

如果我们将注意力放到对世界的普通、日常体验上，很明显，其他的此在已经成为我们对世界的领会和现身的组成部分。我们最熟悉的普通、日常事物的意义由以下事实内在地塑造：它们属于我们与其他像我们一样的存在者共享的世界。1925年，海德格尔在撰写《存在与时间》期间的一门课上，给出了以下几个例子：

> 我所使用的工具，是从某人那里购买的，这本书是由某人赠送的，这把伞是某人所遗失的。房屋里的餐桌不是一个放在支架上的圆形板子，而是一个置于某一特定场位的家具，它本身有着特定的座位，特定的他人每天都来到这些座位上。（《时间概念史导论》，第239页）[①]

此外，我们在处理日常事物的过程中，会与作为此在的其他人遭遇，他们有自己领会和解释事物的方式，有自己的可能性、身份和情绪。实际上，我们的许多活动都是为他人而做，或者必须与他人打交道的活动。海德格尔指出，“共同存在是在世的生存论组建的因素之一……只要此在存在，它就有了共处的存在方式。”（《存在与时间》，第163页）

① 中译文引自商务印书馆欧东明译本，下同。——译者注

在本章开篇的引文中，海德格尔关注的是一种特殊模式的共在模式——“日常共处”，或者说与“常人”（das Man，英语译为the they或the one）共处的模式。“常人”在德语中是不定代词，用于表达诸如“有人说……”“人必须要
p.52 做”，或者“有人就是这样做的”之类。在下文中，我通常会用“the one”而非“the they”。当我们用英语说“有人就是这样做的”时，同时意味着一个人应该这样做，以及没有人专门决定一个人*应该*这样做。而当我们说“常人就是这样做的”时，就失去了这两种含义。海德格尔在这里的主张是，在最开始和大多数时候，我们以“the one”的模式与他人发生牵连，也就是说，我们领会自己的方式，是通过人对自己应该如何生活所说的，以及在所遭遇的情境中通常所做的而展开的。

因此，关键就在于社会关系在使我们成为我们所是的过程中所发挥的作用。在我们真正开始思考或为自己做出决定之前，与我们一起生活的人已经向我们介绍了对我们自己和周围世界的独特领会，这意味着我们从未处于这样一种位置，即自行决定我将如何从头开始领会事物，或者脱离与其他人类的任何关系而发明自己在世界中的存在方式。每一次创新、每一次反叛行为、每一个独立的决定都由我们共享的领会和行为规范塑造。举例来说，反叛总是对某种事物的反叛，而且正是从它所反叛的东西中获得了其作为一种反叛行为的特征。

那么我们遭遇到的一切，或者我们所做的一切，它们的意义在很大程度上都通过这样的事实传达出来：我们始终栖居于一个与他人共享的世界中，而我们在这个世界中的存在方式始终在根本上是被他人所建构的："此在的世界是共同世界。"（《存在与时间》，第155页）结果是，我们对世界的领会和解释总是（至少一开始）被他人领会和解释事物的方式所支配。当然，我们可以在一定限度内达成自己对世界的 p.53
真实领会。但是，正如海德格尔指出的：

> 不少东西从不曾超出这种平均的领会。此在首先长入这种日常解释所形成的公众讲法，它也可能不曾从这些讲法中抽出身来。一切真实的领会、解释和传达，一切重新揭示和重新据有，都是在公众讲法中、出自公众讲法并针对公众讲法进行的。情况从不会是：有一个此在不受公众的解释方式的触动和引诱，被摆到一个自在"世界"的自由国土之前，以便它能只看到同它照面的东西。（《存在与时间》，第213页）

情绪和我们现身于世界的方式亦是如此：

> 公众讲法的统治甚至已经决定了情绪的可能性——也就是说，决定了此在借以同世界"发生

> 牵连”的基本样式。人们先行描绘出了现身情态，它规定着我们“看”什么，怎样“看”。
>
> （《存在与时间》，第213页）

由于他人在使我成为我之所是的过程中发挥着决定性的作用，所以并不真的存在“他心”问题。我们不必推断他人的存在，因为我们不断和他人接触着。真正的问题不是“他人是否存在?”，而是“我能成为我之所是吗?”因为事实证明，至少在直接构建我的世界的日常生存中，我的本质并非
p.54 由我，而是由他人决定的。海德格尔解释说，我们对其他此在最基本的经验——我们对“那些在日常共处中首先或通常‘在此’的人们”的经验——就是被社会规范所支配的我们的基本存在可能性：“此在作为日常共处的存在，就处于他人可以号令的范围之中，不是他自己存在；他人从它身上把存在拿去了。他人高兴怎样，就怎样拥有此在这各种日常的存在可能性。”我们在业余时间追求的爱好，看的电视节目，谈论的各类事物，吃的食物，穿的衣服，从事的职业，对时事的看法——这一切都由他人决定，因为在我们处理日常事务的过程中，他们提供了我们得以使用的器具和所追求的机会。

这些决定我们能做什么以及怎样去做的他人是谁?海德格尔指出，这个问题没有确切的答案。即使我们能找出开创潮流或树立一种风格的某个特定的人或一群人，这个人或者这个群体也不可能使潮流和风格流行起来，也不会迫使我们

非要顺应这种潮流不可。举例来说，马特·格罗宁或许是《辛普森一家》的缔造者，但他并没有，也无法让观看《辛普森一家》成为一股风潮。相反，它之所以流行是因为人人都说它如此。换句话说，我们或许能够追溯特定实践活动和存在物的起源，但最终没有哪个确切的人或群体能够成为这些主导了文化实践的实践活动和成为我们在世界之中存在方式核心本质的缘由。

如果并不存在某个特定的人在决定诸如此类的事，那么某种对事物共同的领会如何支配我们呢？海德格尔认为，在我们共同的公共世界的构建方式中可以找到部分答案。各种活动和对象相互匹配，以促进我们的某些倾向和实践，同时阻止其他的。当我们学会共享世界中围绕着我们的东西时，就不知不觉被引入到与他人共享的习惯、实践和倾向之中，p.55
因为他们也是通过运用同样的东西来学习的。借用海德格尔对公共交通的讨论为例：乘坐巴黎地铁需要一套相当具体的身体技能和现身情态。我们要学会如何阅读地铁线路图，知道在哪能找到进站标志，或者找到要乘坐的列车。我还必须学会使用地铁票。我们要学习在哪里候车，如何打开车门，如何站立或坐在列车中。在进行这一切活动的过程中，地铁的结构和其他乘客的做法引导我们从事着确切的实践活动——我们与其他乘客共享的实践。一旦我们成为老练的地铁乘客，就会和其他人一起执行和规范化此类实践。海德格尔将这一分析扩展到支配我们对世界的品味的现身情态和实践活动上——我们开放共享的环境，包括着装和时尚活动、对话与表达实践等等。当我们拿起报纸，打开电视，在庭院与邻居闲聊时，就会被引入到常人思考和谈论日常事务的方式中。海德格尔将这种结果称为“‘常人’的独裁”：“常人怎样享乐，我们就怎样享乐；常人对文学艺术怎样阅读怎样判断，我们就怎样阅读怎样判断；竟至常人怎样从‘大众’中抽身，我们也就怎样抽身；常人对什么东西愤怒，我们就对什么东西‘愤怒’。这个‘常人’不是任何确定的人，一切人——却不是作为总和——倒都是这个常人。就是这个常人指定着日常生活的存在方式。”最终，我们与他人共享着许可范围内的意见和活动的感觉，甚至对何为成功的理解。

海德格尔谈论“常人”时的语气，比如将其说成“独
p.56 裁”，或许会让人以为他拒斥所有趋同性。但事实并非如此——海德格尔实际上承认，拥有稳定的、规范化的做法和期望并不一定是件坏事。若你必须不断决定所要做的每一件小事（穿什么、吃什么、开车靠左还是靠右等等），那将是一场灾难。通过组织我们共同的世界，趋同性提供了人们可以自由做出重要决定的基础。但海德格尔赞同王尔德的观点，像趋同性屈服或许会导向我们不愿接受的后果——也就是一种轻而易举放弃自己立场的盲从性。

即便我们抵制成功和认可的公共规范，也会不断权衡自己与正常、平均和普通存在方式之间的差别。我们持续关注着自己如何与他人之间有所差别或者符合他人的标准，海德

格尔将这种状态称为“庸庸碌碌”。我们的“庸庸碌碌”倾向于将我们的实践、领会和期望平整到“平均状态”——也就是说，降至广大伙伴可以领会和接受的程度。由于任何人都可以利用管理事物的规范，因此在这种公共世界的平庸性中，所有不同寻常的东西都被淡化或规范化为某种大众可接受的形式。

“庸庸碌碌”也会导向“卸除责任”（《存在与时间》，第165页）——也就是愿意接受他人的判断，从而使自己免于为所做的决定负责。由此带来的结果是，没有哪个人真正决定了事情应该怎样做——比如一个人白天在办公室要如何穿着——尽管如此，常人仍有做事的方式。如果你“有轻取与轻举的倾向”，那么这就会让你卸除需要自行决定的责任。同样，这本身也并不是一件坏事，因为常人本不应该为每个决定承担责任。但这样做的危险在于，我会因此彻底卸除责 p.57
任，以至于最后我根本就不是自己了，我是“常人”。海德格尔将这样的盲从性称为“非本真性”。但是，虽然本真的存在——一种对自己承担责任的存在——只是一种“‘常人’的变式”，但它毕竟确立了世界的有意义性，我们在其中可以实现本真。由此遗留的问题就在于，我们到底如何在栖居的世界中做自己。

# 6

# 死亡与本真性

p.58 *向死这种可能性存在的最近的近处对现实的东西来说则是要多远就有多远。*这种可能性越无遮蔽地被领会着，这种领会就越纯粹地深入这种可能性中，而这种可能性*就是生存之根本不可能的可能性*。死亡，作为可能性，不给此在任何“可实现”的东西，不给此在任何此在本身作为现实的东西能够是的东西。死是对任何事情都不可能有所作为的可能性，是每一种生存都不可能的可能性……

死是此在*最本己*的可能性。向这种可能性存在，就为此在开展出它的*最本己*的能在，而在这种能在中，一切都为的是此在的*存在*。在这种能在中，此在就可以看清楚，此在在它自己的这一别具一格的可能性中保持其为脱离了“常人”

的，也就是说，能够先行着总是已经脱离“常人”的。领会这种“能够”，却才揭露出，此在实际上已丧失在常人自己的日常生活中了。

最本己的可能性是*无所关联*的可能性。先行使此在领会到，在能在中，一切都为的是此在的最本己的存在，而此在唯有从它本身去承受这种能在，别无他途。死并不是无差别地“属于”本己的此在就完了，死是把此在*作为个别的东西来要求*此在。在先行中所领会到的死的无所关联状态把此在个别化到它本身上来。这种个别化是为生存开展出“此”的一种方式。这种个别化表 p.59
明，事涉最本己的能在之时，一切寓于所操劳的东西的存在与每一共他人同在都是无能为力的。只有当此在是由它自己来使它自身做到这一步的时候，此在才能够*本真地作为它自己而存在*。然而操劳与操持之无能为力，绝不意味着此在的这两种方式要从本真的自己存在身上隔断。这两种方式作为此在建构的本质性结构一同属于一般生存之所以可能的条件。只有当此在*作为*操劳寓于……的存在与共……而操持的存在主要是把自身筹划到它的最本己的能在上去，而不是筹划到常人自己的可能性上去的时候，此在才本真地作为它自己而存在。先行到无所关联的可能性中

> 去，这一先行把先行着的存在者逼入一种可能性中，这种可能性即是：由它自己出发，主动把它最本己的存在承担起来。
>
> 这种最本己的、无所关联的可能性是无可逾越的。向着这种可能性存在使此在领会到，作为生存之最极端的可能性而悬临在它面前的是：放弃自己本身。但这种先行却不像非本真的向死存在那样闪避这种无可逾越之境，而是为这种无可逾越之境而给自身以自由。为自己的死而先行着成为自由的，这就把此在从丧失在偶然地拥挤着各种可能性的情况中解放出来，其情形是这样的：这才使此在可能本真地领会与选择排列在那无可逾越的可能性之前的诸种实际的可能性。这种先行把放弃自己作为最极端的可能性向生存开展出来，并立即如此粉碎了每一种僵固于已达到的生存之上的情况。（《存在与时间》，第306—308页）

海德格尔的哲学完全站在西方思想的存在论传统中，这
p.60 一传统认为，一切哲学都必须以我们个人的、介入的牵连为基础。存在主义者强调激情胜过理性的超然，强调人类的自由胜过物理宇宙的机械运作，强调人类生活方式的无理由和任意性，而非对世界终极理性的信念。一如帕斯卡、克尔凯

郭尔、陀思妥耶夫斯基和尼采，也像受其启发的法国存在主义者一样，海德格尔认为，在开始哲学探索时，除了反思我们当下的处境（即我们的存在）之外，别无他途。在这一点上，他是克尔凯郭尔的忠实追随者，后者提醒我们，“哲学活动不是对着幻想的存在空谈，而是与存在着的个体交谈。”（《存在与时间》，第121页）从柏拉图开始，哲学家们就试图寻找永恒的“形式”，即潜藏在我们于世界之中所感知到的个别的、可变的、可朽的对象背后的不变和纯粹的观念。相比之下，存在主义思想家并不认为我们能够直接触及永恒的形而上学真理。历史和社会范畴塑造着我们发现自己所处的世界，它们同时也作为我们一切领会的中介。这意味着我们必须自己解决如何生活，以及应当遵循何种规范等问题。这是令人不安的，因为我们似乎需要相信自己的生活有着某种深刻的意义和目的，它们不止是一件我们碰巧生在哪里的意外事件。

海德格尔和其他存在主义者一样，认为对生存之偶然性的正常反应是“逃离”它——试图无视或欺骗自己面对这样一个事实，即我们的生活方式对于成为一个人而言，既非必要，也非“正确”或“真实”。常人试图全身心、不假思索地投入到我们的文化规范中，但存在主义者主张，尽管如此我们还是认识到，至少隐约察觉到，我们并不是必须要按照这种方式生活。存在主义思想家声称，在绝望的时刻，我们 p.61
很可能会发现自己再也无法掩饰表面之下的“畏”，这种畏来自把一个人的生命仅仅用于做那些在常人的文化中所做的事的那种无意义、平庸和空洞。

海德格尔相信，这种畏是无法解除的，因为并不存在某个关于如何生活最终的、确定无疑的、真正的理想。但他也认为，若将我们的领会和选择悉数交给“常人”说什么或做什么来决定，我们也就放弃了作为人最本质的东西：为选择我们自己的存在方式而承担责任的能力，也就是成为本真存在的能力。

成为本真的存在并非易事。海德格尔写道，如果我要“以我自己的方式去揭示世界”，就要付出巨大的努力，“去除种种掩盖和蒙蔽”（《存在与时间》，第167页），我之所以能以自己的方式揭示世界，是因为与植物和动物等其他实体不同，此在在世界之中的存在方式并非固定的，也不以其控制之外的力量为前提条件。畏之来源——我们组织世界的方式是偶然的，终究不是建立在任何永恒和必然之物上的事实——也正是我们作为存在最大的尊严之来源。我们可以改变运用和关联周围事物的方式，在此过程中就可以改变这些东西所具有的意义。我们领会自身的方式始终有待商榷，我们的存在也始终是一个有待解决的问题。逃避对世界的畏——试图通过肯定社会规范像是在某种程度上揭示了常人应当如何生活的最后的、终极的真理，来在偶然性方面欺骗我们——也就是并未认识到我们的独特之处，即我们有能力成为本真的存在，以自己的方式发现世界。但死亡为我们提

供了一个机会，如果我们直面死亡，就可以为自己的存在负责。海德格尔解释说，面对死亡的畏，“把（此在）从种种 p.62
‘具有不之状态’（count for nothing）的可能性中解放出来，让（此在）为种种本真的可能性成为自由的”。（《存在与时间》，第395页）

之所以说“如果我们直面死亡”，是因为人类生存的一个基本特征体现在尽管知道它有一天会终结，但人们采取各种各样的策略避免不得不面对这一事实所带来的后果。死亡对每个人来说都是一种可能性。事实上，死不只是某种可能性；“死是此在最本己的可能性”。意思是说，正是死使我们成为如我们所是的存在。我们因死亡而有别于诸神。而与动物和其他生物的区别在于，我们自己对有死的体验。因此，死的体验是人之为人的一个基本区别性特征。人类生命的本质与人类死亡的本质密不可分。

为了深入思考我们有死性的存在论后果——探寻死亡如何塑造和引导人类的存在方式，以及我们如何生活的方式——我们必须首先对死亡的本质有一个正确的概念。谈到对死亡的思考，海德格尔认为，我们往往会忽略其存在的重要性，因为我们通常会混淆死亡的原因和它的本质。用海德格尔的术语来说，我们关注的是我们的“亡故”，而不是死。换言之，“死”和“亡故”之间的区别是一个事件的存在论意义与该事件的因果或逻辑或社会或法律原因和后果之间的区别。

对人类生活中的任何重要事件都可以做出诸如此类的区

分；为了说明这一点，让我们以婚姻这个事件为例。有许多不同的方式可以辨别或识别婚姻，可以从缔结婚姻所涉及的
p.63 双方来描述它（粗略地说，婚姻是双方彼此约定在共同生活的过程中一起居住，相互扶持的事件），可以从其法律后果（比如婚姻带来的税务状况的变化，或继承权的变更，或者男性对其配偶的子女享有父亲的权利的方式），或其社会后果（比如与已婚女性调情，或邀请其他男性而不是配偶参加社会活动等所涉及的社会性不当行为）来描述它。所有这些谈论婚姻的方式都能成功地（至少部分地）辨识婚姻，并且阐明其原因和后果。但它们都无法触及婚姻的核心——也就是说，作为一个已婚人士到底是什么状态。为了描述这一点，我们会想要知道婚姻如何改变我们的领会和自我理解（我们所具有的筹划），我们的现身情态（事情与我发生牵连的方式），以及我们发现自己所聚焦的那种活动和对象。

海德格尔认为，同样的道理，如果我们聚焦与死亡有关的事件，就会错失死亡的核心存在结构，即死亡赋予我们的生存以形态和结构的方式。我们可以谈论死亡的物理原因——或许是“呼吸和心跳停止了”，我们也可以谈论死亡的法律后果（比如财产法律上的所有权变更，或者造成死亡的刑事责任）。但是，虽然这样的思考可能会间接地展示死亡对我们生存的塑造，但不会触及问题的核心。我们所追寻的并非在死的那一刻发生了什么事件，而是这些事件带来的存在*后果*。

那么，为了让我们可以直接讨论死亡问题，首先需要在产生死亡状态的事件与状态本身之间做出明确的划分。我们将遵循海德格尔的说法，把这种状态称为“死亡”。反过来， p.64
引起死亡的事件至少可以从两个方面来考虑。它们可以被理解为物理或生物事件，我们将此种情况称为“亡故”；或者，我们可以将其理解为一个生存事件，也就是一个人的存在模式发生了改变。就此而言，我们把这一事件称作“死去”：“死去是‘此在去世’”（《存在与时间》，第285页），或者说“丧失在世的存在”（《存在与时间》，第281页）。造成一个人亡故的事件与一个人死去的事件可能是相同的，因为丧失在世存在的其中一种方式就是身体停止运作。[①]此外，亡故显然具有生存意义上的结果——当一个人心跳停止，或者身患绝症时，这显然会影响一个人如何能够生活和行动，以及如何与世界中的其他事物发生关联。[②]这就解释了为什么当一个人的死亡带有争议时，我们常常会陷入对生物和物理事件的讨论（我们关心的是她如何“死”——即亡故——或

① 为了说明这二者相同，我们需要表明存在论意义上死亡的唯一方式就是亡故。但海德格尔似乎认为情况并非如此——即便我们并未遭遇物理上的死亡，也有可能失去在世界中存在的能力。

② 在指出死亡是“此在存在的一种可能性”之后，海德格尔提出，“实现这一可能的东西的操劳肯定意味着‘引起某人的亡故’”（《存在与时间》，第305页）。换言之，亡故是实现死亡可能性的方式之一，也就是使其不可能在世界之中存在。这就是为什么海德格尔认为，“如果死亡的生存论阐释的基本方向已经得到保障，那么医学和生物学上对‘亡故’的研究会获得一些在存在论上也颇有意义的成果。”

者主治医生有没有想尽一切办法避免她的亡故）。然而，对海德格尔来说，对亡故的关注只是回避正视死亡和死去之存在意义的一种方式，因为毕竟物理事件是我们至少可以尝试去对抗的东西，而存在的死亡却不是。我们可以监测自己的胆固醇数据、锻炼情况，戒烟等等——所有这些都是为了避免亡故。毫无疑问，这样做大有裨益，但如果健康的生活让我们忽略了存在上的死亡，那么它实际上就会阻碍我们本真地生活。

存在论意义上的死亡是何种状态？我们可以从思考亡故或死去的存在论后果开始。其中包括不能再行动、思考、体验或以其他方式存在于这个世界上。如果死亡成为现实，那
p.65 就不可能再用任何东西做任何事了。但是，死亡并不是一种具有当下现实性的状况，实际上死亡对于已经死去的人来说，也不是现实的东西。因此，海德格尔将死亡定义为“对任何事情都不可能有所作为的可能性”。他又用更全面的生存论、存在论的刻画（也就是说，从其结构和对我们在世界中存在的方式所带来的意义角度来描述）具体说明了死亡以何种方式塑造我们对世界的体验：死是一种无所关联的、确知的、不确定的、不可逾越的可能性。（《存在与时间》，第303页）死亡不可逾越，因为它悬临着，而且必然发生。死亡是不确定的，因为我们无法确切获知死亡降临此处还有多久，但它随时都有可能发生。死亡是确知的，并非由于我们能证明死亡会降临到我们身上，而是因为死亡的可能性塑造

了我们对世界上一切事物的体验。死亡是无所关联的，原因在于它表明我们与其他事物和人之间的关联，并不会最终使我们成为我们之所是。到目前为止，本书已经回顾了海德格尔的若干论点，这些论点旨在表明我们的存在在多大程度上由与世界上的其他此在和事物的关系所塑造。正如我们将会看到的，死亡为这一主张引入了一个重要的限定——我们由世界构造，却从未完全以及无可逃脱地由世界所决定。

从一种非常明显和老套的意义上来说，死亡对每个人来说都是一种可能性，因为亡故和死去是在任何特定时刻都有大于0%的概率发生的事件。但死亡是一种独特的可能性——这并不是因为我们都会死，或者因为“从足够长的时间线”来看，死去的概率会上升到100%。而是因为死亡是让我们成为其所是的可能性，是“最本己”的可能性。让我们将海德格尔的观点与其他关于死亡的哲学解释做一个简单的对比。公元前300年左右，伊壁鸠鲁学派的创始人伊壁鸠鲁认为，死亡“那最可怕的邪恶……与我们无关，因为当我们活着 p.66
时，死亡并不存在，而当死亡出现时，我们已经不在了。”（隆和塞德利，第150页）因此，伊壁鸠鲁认为，除了对自己的死亡采取漠不关心的态度之外，其他都不合逻辑。相比之下，对海德格尔来说，死亡并非“与我们无关”，而是我们最本己的可能性。而且，在海德格尔看来，在面对死亡时产生的畏，正是应对死亡的正确方式。伊壁鸠鲁的论证大致遵循以下步骤：

1. 只有能够体验的事物，对我们来说才重要。
2. 当且仅当事物呈现在面前而我们存在时，我们才能体验到。
3. 当（我们的）死亡降临时，我们不存在。
4. 因此，我们无法体验死亡（2，3）。
5. 因此，死亡对我们不重要。

当我们把死亡看作一件日常的物理实体或事件时，这种观点似乎才是合理的。说我无法体验到某些特定的对象或事件或许没错——比如桌上这张我妻子的照片——除非当它在场时我也存在着。但同时，伊壁鸠鲁的结论似乎有些荒谬：死亡对我们而言当然重要。海德格尔对死亡的看法有助于我们理解伊壁鸠鲁的论证到底哪里出了问题。

对伊壁鸠鲁来说，“对谁在场”的意思类似于“与其产生（某种正确的）因果关联”，但“在场”并不总是需要实际的因果关联。有些事物即使对我们没有产生因果影响，但仍然是在场的。例如，考虑一下诸如失明这种状态。失明可以“对我在场”，而不需要我与任何特定的对象或事件有因果关联。尽管我缺乏以视觉方式与物体互动的能力，但失明对我来说是“在场”的。因此，对我们来说属于在场的事物
p.67 类别，不仅需要包括因果地作用于我的对象，而且也包括诸

如失明之类的状态——这种状态也需要被理解为切近或接受对象的一种模式。失明是一种存在方式，它塑造了向我敞开的那些可能性——它将我排除在视觉体验的世界之外（虽然它可能为听觉、嗅觉或触觉感知的世界敞开了可能性，而这些可能性通常是具有视力的人无法获得的）。当某种特定的接受事物的方式塑造了我与物体发生关联的可能性时，它们就是“对我在场”的。当然，死亡与失明并不相同，因为死亡并不是我在那种状态下可以体验到的东西（参见伊壁鸠鲁的第3条论证）。但我们还是了解到很重要的一点：某物对我来说很重要，不仅仅在于它是一个对我产生物理影响的物体，而且在于它塑造和影响了我在这个世界中的存在方式。

接下来的问题是，某些事物是否可以塑造和影响我对世界的体验，即使它并非实在，而是某种具有可能性的东西（比如失明）。答案是肯定的：当我们“拥有了可能性”时，它们就会塑造我们对世界的体验。假设我知道有一种可能性，即今天下午一个朋友会来拜访。有了这个可能性，我就会敏锐地意识到家中杂乱，而且没什么东西适合招待客人。那些我原本无视的事情突然变得突出起来。死亡降临，我们已不存在这样的事实，也就变得微不足道了。当死亡可能的时候，我们确实存在，这种可能性不仅改变了我们对世界上某些事物的认识，而且改变了这些事物的意义。因此，海德格尔赞同伊壁鸠鲁的第3条论证：“死亡，作为一种可能性，不给此在任何‘可实现’的东西，不给此在任何此在本身作

p.68 为现实的东西能够是的东西。”但是，尽管死亡仍然作为一种可能性向我们现身，但对我们很重要，而且我们或许无法再对事物有所作为，即使我们体验不到这种无能为力。若果真如此，那么伊壁鸠鲁就错了——死亡对我们来说并非无关紧要。

让我们再仔细考察一下“有一种可能性在我们面前现身”这个观点。具有某种可能性与将这种可能性作为一种在我们面前现身的可能性之间是有区别的。我可以有某种可能性，而不需要关于它的一丁点暗示，也丝毫不会改变我对事物的体验。从数学概率来看，我今天下午有可能会被陨石砸中，但这种可能性非常小，我根本不会去考虑。它不会作为一种可能性出现在我面前：被陨石砸死的微小可能性丝毫不会影响我的行为。相比之下，当某种对我而言的可能性塑造了我发现自己当下所处的情境的意义时，这种可能性就现身在我面前。当我开车行驶在89号公路上时，永远存在着一种可能性，即另一辆车会与我相撞。这种可能性现身于我，即使我不去思考或琢磨它，因为它影响了我在车上的诸多行为——转弯时开转向灯，在慢车道行使，变道时查看后视镜等。这种可能性通过决定与我照面的事和我实施的行动的意义而作为一种现身于我的可能性。

同样，如果死亡塑造了我发现自己所处情境的意义，并引导了我在这些情境中所做出的种种行为，那么死亡就是现身于我的。死亡如何塑造我们的体验？海德格尔给出的答案是：“死把此在个别化到它本身上来。这种个别化表明，事涉最本己的能在之时，一切寓于所操劳的东西的存在与每一共他人同在都是无能为力的。”换句话说，死亡的可能性表 p.69 明我的世界是这样一个地方：没有任何存在方式会最终成功，也没有任何存在方式会让我继续如其所是。[①]海德格尔认为，这种认识应该打破那些声称会为我们提供正确生活方式的文化规范和惯例。接受死亡，让我们承担起对自己的责任。

基于此，海德格尔提出，对死亡本真的回应方式是“先行”。“先行……不像非本真的向死存在那样闪避这种无可逾越之境，而是为这种无可逾越之境而给自身以自由。”“先行到死”可以按照字面意思更准确地翻译为“跑在死亡之前”。用跑这个比喻的好处在于，它表明我们与死亡的关系不仅仅是一种精神状态。如果作为一种现身于我们面前可能性的死亡意味着持续不断地对思想的扰乱，那么海德格尔的观点会是相当悲观的。这暗示了我们要反复苦思无可避免的死亡。但是，正如海德格尔指出的，矛盾的是，这种对死亡的沉思和反思往往来自对逃避死亡的渴望，拒绝其作为一种可能性。（参见：《存在与时间》，第305—306页）

幸运的是，海德格尔的想法完全不同。他提出，我们让我们与其他事物和他人的关系依照死亡的不可避免而显现出来。在倡导先行到死的过程中，我认为海德格尔希望我们将

① 我的亡故是能够造成这样一种失败的事件，即使我无法继续在我的世界中存在。我的世界坍塌可能是另一种事件。

自己朝向死亡的姿态刻画成一种在世界之中的存在方式，它会把我们带出并远离人群，摆脱“常人”传统的、公共的、非本真性的规范。当我们朝向死亡引导自己的生活时，就会
p.70 发现我们的生存“保持其脱离了‘常人’”，因为我们认识到共有的习俗和规范最终会辜负我们。它们可以让我们度过眼下的日常生活情境，但最终却无法帮助我们保存在这个世界中的存在方式：死亡“表明事涉最本己的能在之时，一切寓于所操劳的东西的存在与每一共他人同在都是无能为力的。”

对海德格尔来说，“死作为个别的东西来要求［此在］”，“把此在个别化到它本身上来”。在面对死亡之时，他人说我应该如何做，或者认为我应该如何做都显得无关紧要。这就是死亡的无所关联——我与周围其他人的关系在其中因此而被切断了，我由此最终表现得不依赖于周围的其他人。在先行到死的过程中，我为自己负责。我成为本真的、属己的人，这意味着我接受自己做出的决定并非必须或必要，因为作为一个人并无正确的方式可言。在面对死亡中我的畏所带来的结果是，我获得了过自己生活的自由，而不仅仅是因为他人希望我这样做而已。

海德格尔认为，由于使本真成为可能，因此不必因为死亡本身或关于死亡而去憎恨或回避。事实上，面对死亡时的畏非但不会干扰生活，反而会让我们“坦然乐对”（《存在与时间》，第358页）。毕竟，终有一死的事实会给我们在生活中做出的各种具体选择带来更多的重量和意义。

# 7

# 真理与艺术

p.71 （艺术）作品建立着世界并且置造着大地，作品因之是那种争执的实现过程，在这种争执中，存在者整体之无蔽状态亦即真理被争得了。

在（希腊）神庙的矗立中发生着真理。这并不是说，在这里某些东西被正确地表现和描绘出来了，而是说，存在者整体被带入无蔽的状态并且保持于无蔽的状态之中。保持原本就意味着守护。在梵·高的油画（《农鞋》）中发生着真理。这并不是说，在此画中某种现存之物被正确地临摹出来了，而是说，在鞋具的器具存在的敞开中，存在者整体，亦即在冲突中的世界和大地，进入无蔽状态之中。

在作品中发挥作用的是真理，而不只是一种真实。刻画农鞋的油画，描写罗马喷泉的诗作，不光是显示——如果它们总是有所显示的话——这种个别存在者是什么，而是使得无蔽状态本身在于存在者整体的关涉中发生出来。鞋具愈单朴、愈根本地在其本质中出现，喷泉愈不假掩饰、愈纯粹地以其本质出现，伴随它们的所有存在者就愈直接、愈有力地变得更具有存在者特性。于是，自行遮蔽着的存在便被澄亮了。如此这般形成的光亮，把它的闪耀嵌入作品之中。这种被嵌入作品之中的闪耀就是美。*美是作为无蔽的真理的一种现身方式*。（《艺术作品的本源》， p.72
出自《海德格尔文集》，第180—181页）[①]

梵·高《农鞋》（1888年，藏于美国大都会艺术博物馆）

① 中译引自商务印书馆2018年出版的孙周兴译本，下同。——译者注

本书余下的章节主要讨论海德格尔后期的文章。在20世纪30年代及其后的著作中，海德格尔对解释静态的、普遍的存在结构已经不太感兴趣，而是更关心如何理解当下的历史状况。当然，20世纪30年代的德国正经历着巨大的动荡。在第一次世界大战之后，德国经历了政治革命、经济危机、政治屈辱以及像国家社会主义这样的民族主义和反现代主义运动的崛起。许多德国人感到，德国，乃至整个西方世界正处于世界历史变革的边缘。

海德格尔和当时许多其他主要知识分子一样，将注意力转向了历史状况的本质上。本章开篇引文来自《艺术作品的本源》，这是标志着海德格尔哲学进路发生变化的形成性文章之一。他在这一时期的思想越来越多地转向理解不同的"世界如何得以接合和沉没"。（《哲学论稿》，第476页）[①]当事物以新的方式被揭开，并以不同的方式组织成一个有意义的整体时，一个世界就会"接合"。海德格尔认为，伟大的艺术作品在建立一个世界方面可以发挥重要的作用。这一点通过让人们看到真理而得以实现。

许多人否认艺术作品是为了表现真理。他们似乎对艺术的幻觉更感兴趣。或者说，如果一件艺术作品是真的，那就意味着它以绘画或雕塑的形式正确或真实地表现了一个物体。对海德格尔来说，艺术的"真理性"并不在于表现方式

① 中译引自商务印书馆2019年孙周兴译本，下同。——译者注

的正确性或准确性，而是在于向我们展现事物的真实面貌。艺术作品不需要实际地表现某些事物来做到这一点。“真理 p.73
发生”在艺术作品中，但“这并不是说，在这里某些东西被正确地表现和描绘出来了，而是说，存在者整体被带入无蔽的状态并且保持于无蔽的状态之中。”海德格尔在这些段落中对“真理”一词的使用与分析哲学传统中大多数哲学家的使用方式形成了鲜明的对比。自弗雷格的分析哲学奠基之作开始，这部分哲学家普遍认为只有像陈述或信念之类的东西才有可能为真或为假。这些东西通过“准确表现”或“一致”或“符合”而成为真或假。海德格尔并不否认，这是使用“真理”一词完全合法的方式。他也承认，当且仅当一个陈述或信念与事物的存在方式相符合或一致时就为真。但他的确否认了陈述和信念是真理唯一的形式，甚至否认它是最重要的一种真理。

海德格尔旋即指出，除了陈述和信念之外，我们还用“真”这个词来指涉各种事物。我们会说“他是一个真正的朋友”这样的话。一个人并不是真正的朋友，原因在于他与事物的方式（非真正的朋友的方式）相符合，而一个假的朋友和一个真的朋友同样都是现实的。朋友的背叛行为是一个事实（无论他想要在这件事上欺骗你的程度如何），而真正的朋友指的是他的朋友式的行为表现出他的真实为人。虚假的朋友并不在其言行中真实显露自己，而是掩盖真实的意图。海德格尔将此种类型的真理称为“存在者的真理”或实体的“揭示性”。陈述和信念在存在者的“真理”——即揭示或显现——中发挥作用，帮助我们看到事物的真实面貌。而当我们能做的不仅仅是谈论它们，而且拥有以恰当的方式处理它们的实践和技能时，存在者才会最恰当地被揭示出
p.74 来。例如，坐在一把椅子上这个简单的动作，就会最清晰地揭示出椅子。这个动作比无休无止地谈论更清楚、更有说服力地显示出关于椅子的“真理”。

此外，我们对一个对象说什么或者相信什么，归根结底要在对象本身存在的情况下才有所谓的真假。海德格尔因此认为，陈述的真理不如存在者的真理那么根本，因为后者是事物在其本身中显现自己。海德格尔提出，只有当一个存在者在我们熟练对待世界的过程中被揭示出来时，“我们才能对其做出陈述，并进行检验……只是由于存在者本身为真（即被揭示出来了），关于存在者的命题才能在一种派生的意义上为真”。（《哲学导论》，第78页）除非事物向我们显示自己的真实面貌，否则我们的陈述和信念不可能与事物的真实所是相一致。

有人可能会问：“通常所说的真理是什么？真信念和真朋友有何共同之处？”海德格尔的回答是，真理是“无蔽”。真陈述将事态从遮蔽中揭示出来，让我们关注并发现世界某一部分的内涵。真朋友向我们展示了他们作为人的本性，让我们与其发生牵连并就此互动。在后期著作中，海德格尔提出，只有当世界作为一个整体被揭示出来，事物和事态才能

从遮蔽中带出，或显示其所是。（参见：《艺术作品的本源》，第177页）

海德格尔认为，作为一个整体的世界是通过艺术作品向我们显现的。他解释说，艺术作品“因之是那种争执的实现过程，在争执中，存在者整体之无蔽状态……被争得了。”一幅作品，如梵·高的《农鞋》并不关心“正确临摹”某个存在者，而是带来了“鞋具的器具存在的敞开”。因此，就 p.75
像现象学描述一样，艺术作品通过帮助我们看到事物的真实面貌，从而为我们揭开存在者的遮蔽，但艺术作品并不真的关心如何帮助我们更有效地运用事物。我们似乎并不会参考梵·高的画作来学习如何穿鞋。相反，艺术作品以这样一种方式描摹存在者，“存在者整体，即冲突中的世界与大地，进入无蔽状态之中”。换言之，海德格尔认为，艺术作品可以向我们展示存在者，这种展示相当纯粹和美好，通过学习观看和感受艺术作品，我们也能领会和揭示作为整体的存在者，因为它们在一个特定的历史世界中显露出来。经由一双鞋，我们感受到了农民的世界，梵·高同时也教会我们看到属于这个世界的所有其他东西。海德格尔宣称，艺术作品通过“煽动”“大地”与“世界”之间的争执或斗争，来帮助我们把握世界的特征。《艺术作品的本源》中的“世界”，大体上与《存在与时间》中所指的东西相同。它本身不是一个物体，或者一切对象的综合，也不是一个从对象中提取出的概念或抽象：

> 世界并非现成的可数或不可数的、熟悉或不熟悉的物的单纯聚合。但世界也不是一个加上了我们对现成事物之综合的表象的想象框架。……世界绝不是立身于我们面前、能够让我们细细打量的对象。只要诞生与死亡、祝福与诅咒的轨道不断地使我们进入存在，世界就始终是非对象性的东西，而我们人始终隶属于它。（《艺术作品的本源》，第170页）

因此，世界是一个统一、融贯的整体，它构造了我们与周围的人和事物的关系，甚至构造了事物和活动之间彼此排
p.76 列和关涉的方式。（参见第二章）在这篇文章中，海德格尔将世界定义为“所有决断与之相顺应的基本指引的道路的澄明”（《艺术作品的本源》，第180页）。我所做的每一个特定的决断——是看电视还是去听交响乐，是当作家还是当律师——之所以可能，仅仅因为世界为我敞开了这些可能性。世界创造了引导我决断的“道路”，但这并非全部。世界还建立了各种规范，依照这些规范，某些决断要比另一些更重要，某些选择比其他选择更值得称道，等等。

在通常的用法中，“大地”这个词既可以与“世界”表示同样的意思，指代地球，也可以作为一个“集合名词”，意指一种无差别的大量材料或物质（土壤）。作为一个粗糙

且易具有误导性的近义词，有人可能会把本文中的“大地”当作一个集合名词来使用，意指世界上所有特定的存在物之来源的物质或材料。世界上所有可感知的存在物都是大地的存在。这一观点的意思是说：作为事物可理解的秩序，世界沉淀为一切事物之来源的物质或材料。这意味着，让世界具有意义的方式即是为世界中的所有事物提供塑形和秩序。大地为各种事物贡献了物质性，在此过程中，也让我们打交道的一切世界存在得以生成。这是开始思考大地的有效方式，但其中存在一个严重的问题。当我们将大地描绘成万物形成的“物质”或“材料”时，我们调用了关于“物质或材料是什么”这种预先存在的概念。“物质”，即造就某物的东西或材料，这一概念起源于公元前四世纪亚里士多德对质料和形式的区分。在亚里士多德和希腊人的经验中，大地同时作为 p.77 阻止我们却又帮助我们将形式施加给事物的材料。“物质”是中世纪经院哲学的核心概念，指的是存在于或“位于”所有物体变化的表象之下的东西。物质依其自身而存在，不需要其他事物的支撑。相比之下，像颜色之类的属性则需要存在于其他事物之中，即存在于物质当中。对于发展了物质概念的哲学传统来说，大地作为缺少任何自身属性，却起到支撑某一事物的全部属性或“位于其下”的东西而被体验。然而，当贝克莱在18世纪早期写下《海拉斯与斐洛诺斯对话三篇》时，这个曾经看起来如此自然和不言而喻的想法就显得颇为荒谬。贝克莱对话录中的一个人物说：“我一度以为自己已经非常清楚，物质支撑非本质属性意味着什么”，他继续说道，“但现在，我越想就越不明白：总之，我发现自己对这件事一无所知。”

如果我们将大地定义为事物的材料或物质性的话，就会使用那些本身就属于特定世界人造物的观念，这些观念以自身特殊的方式使事物变得可理解。但我们想要的“大地”概念要能解释是什么在支撑所有不同世界。那么显然，我们的大地概念单纯从与这些世界中的一个相适应的概念中得出。

对海德格尔来说，大地有两个基本特征：它涌现在世界的所有存在者之中，并且庇护和支撑着这些存在者以及与之发生牵连的实践和活动。关于大地提供的庇护和支撑，海德格尔写道，“大地是一切涌现者（Aufgehen）的返身隐匿之所，并且是作为这样一种把一切涌现者返身隐匿起来的涌
p.78 现。”（《艺术作品的本源》，第168页，有改动）德文动词aufgehen的用法之一——海德格尔在这里借用的主要用法——是用来描述事物的抽枝条或发芽。大地将其物质性赋予了从它那里生长出的植物：植物从大地中长出，既指它们在空间意义上从大地中抽芽而出，也指物质意义上它们由大地组成或构成。同时，通过让植物返身扎根到大地之中，大地也保护和隐匿着它们。正是以类似的方式，世间的一切事物都生成于大地，并且在返身大地的过程中而隐匿。实际上，在同时期的书稿中，海德格尔甚至描述了大地庇护世界的方式，即让我们的习惯性实践活动“返回到大地之锁闭状

态中的生长。这种返回之生长，绝不是在单纯的表-象和情感中完成的，而是向来在照料、制作、劳作中完成的，简言之，是在让一个世界世界化的过程中完成的……”（《哲学论稿》，第391页）我们的实践活动就像植物一样，需要沉淀为某种黑暗的、不需要我们思考的东西。试想一下学习某种新技能，比如用筷子吃饭是什么感觉。当人第一次尝试时，会清楚地意识到筷子带来的感觉，不知道怎么摆弄的手，对一块块食物的滑溜程度也有了新的认识。但随着不断的练习，所有初学者会意识到的感觉都消失了，回到了不被注意的状态。实际上，我们的所有实践活动都是如此。当我们熟练掌握了某件事，相应的能力就会沉淀在我们的身体里，而且就像植物的根茎一样，在我们使用时扎根在器具中，进而我们的身体倾向和所使用的器具无形中支撑着我们的行动。

让世界“世界化”的意思是说，让世界安排和组织世界中的所有存在者，并使其协调一致、相互牵连。我们通过现实地与周围的存在者打交道来做到这一点——制作它们、与它们一起工作，为其操劳等。当我们与存在者打交道时，会 p.79
不可避免地经历一些超出我们控制范围的事，并且要决断它们如何被世界安排或使用的限度。这就是大地在世间事物中“涌现”，维持它们但同时也为其使用设定条件。一个日常的例子便可以说明“大地”的维持和限制，让我们想想重力对我们踢足球能力的影响。如果没有重力，这项运动根本就不可能——倘若没有重力作为阻力，踢上一脚足球就会一直飞出去。但同时，重力也限制了球员的能力。即使是最伟大的球员，也只能跳那么高，那么远。类似地，正如我们已经看到的，世界作为一个整体，试图建立一种能够以统一的方式管理所有存在者和活动的样式。比如在中世纪的世界中，一切都按照其与上帝之间的切近或疏远来理解。中世纪世界的“世界化”在中世纪的大教堂中清晰可见，这些教堂的石柱努力向着神性靠拢，它们坐落于大地之上，朝向天堂，为了让天堂之光照射进来，大窗开阔。石头的大地性通过让教堂得以建造支撑了这个世界，但它同时也通过限制石头可以用来做什么，限制了这个世界。当这些限制被打破时（它们常常被打破），就会产生灾难性的后果，比如建筑物会倒塌，将几代勤恳工人的努力和愿望一并摧毁。

当一个世界力争返身于大地中生长时，遭遇到了阻力。在此过程中，依照世界所遭遇的阻力，大地会以确定的方式出现。在建造大教堂的过程中，我们发现自己的实践活动受到限制和制约的特殊方式。我们在建造另一种建筑时所发现的限制和约束与此并不相同，其他建筑不一定会用到精致的
p.80 石雕和大片的彩色玻璃窗。海德格尔写道：“在本质性的争执中，争执者双方相互进入其本质的自我确立中。”（《艺术作品的本源》，第174，有改动）世界和大地都是依照它们相互施加条件和限制的方式而显现的。

海德格尔对大地的描述精雕细琢，目的是避免将大地其所是归之于任何特定的、对具体世界的领会。事实上，它要

比这更进一步：在探讨大地的“锁闭状态”时，海德格尔的确切观点是，世界所立足的大地，无法被领会以及准确地概念化。但这并不是什么坏事。实际上，正是因为有些东西我们无法弄清楚，但它们即刻并直接地作用于我们，因而我们的决断才有了庄严和重量。我们的世界，进而因此我们与世界之间的意义关联，总是建立在某些无法依照现存的可理解世界结构来解释的东西的基础之上：“世界是所有决断与之相顺应的基本指引的道路的澄明。但任何决断都是以某个没有掌握的、遮蔽的、迷乱的东西为基础的；否则它就不是决断。”（《艺术作品的本源》，第180页）例如，我们可以想一下现代世界竭尽所能地重新组织事物，以使其尽可能为我们所用，为我们所掌握和控制的方式。由此带来的结果是，现代人按照世界中存在者的因果结构来理解它们的存在，因为正是关于这些结构的知识让我们能够以最好的方式掌握和控制它们。但是，我们为何会如此奋力地重新组织世界来推动我们对其进行掌控呢？其他世界的存在（即被现代人掌握和控制的驱动力所摧毁的世界）表明，应当以最大化的控制这样一种方式来组织世界，并不是一个自然或自明的命题。有人更青睐现代世界，而不是19世纪的日本这种前现代世界， p.81
但这并不能解决问题，只是把问题聚焦起来罢了。比如，有人可能会说，日本的现代化和工业化是可取的，因为它们带来了更高的国内生产总值和人均收入，虽然这种做法以牺牲传统生活方式为代价，导致饮食、居住和职业种类的改变，以及对环境的剥削和恶化。[①]但是，只有当人们偏好平均财富的增加超过现代化过程中牺牲掉的生活特征时，增加国内生产总值或人均收入才是一个好的理由。但为什么人应该有这样的偏好恰恰是问题所在——如果人们宁愿选择前现代日本的生活节奏和样式，也不愿意增加人均收入，那么日本应该进行现代化以增加平均收入的论点就会缺少说服力。这个问题最终的决断不是依靠争论，而是来自武力；就像人们所期望的那样，问题的关键在于值得追求的最基本意义在哪。

因此，建立新世界、摧毁旧世界的动力似乎取决于某些东西退出视野——也就是说，变得不言自明，以至于没有任何疑问：即新世界本身具有可欲求性。这种可欲求性关乎大地：大地隐退并庇护着它所支撑的世界。如果大地没有因为变得如此明显而隐退，以至于我们不再对其进行过多思考，更不用说去质疑它，那它就无法支撑在其基础之上组织起来

① 有趣的是，日本现代化进程中不太明显的动机是希望改善日本人民总体的健康状况。平均收入或人均收入与健康、识字率和预期寿命等事项之间并无必然联系。正如苏珊·汉利令人信服地指出，在现代化之前，日本人的身体健康情况与工业化国家相当，甚至在某些方面（如识字率）已经高于他们了："（日本人的）身体健康水平至少与19世纪的英国人一样高，而当时日本尚未开始工业化，英国却已经是一个工业国家了。"参见：《前现代日本的日常生活：物质文化的隐藏遗产》（伯克利：加州大学出版社，1997年），第13页。在缺少现代化带来的生产力的情况下，日本人也能超过西方的健康标准，是因为他们的文化样式提倡资源的有效利用、住房和饮食的卫生与健康，以及最低程度的奢侈生活等。"由此带来的结果就是，与西方国家获得相同水平的身体健康状况相比，日本人用了更少的资源和所需的收入，达到了更高的水平。"（同上，第22页）

的世界。例如，想一下我们的文化有一个真正的问题，即让一切都尽可能地具有灵活和高效的可欲求性。我们将对是否使用每一项新技术革新展开真正的辩论，在辩论过程中，我们不能诉诸效率的提升来作为使用技术的一个辩护理由。事 p.82
实上，我们一开始很可能不会把这么多精力和资金放在发展技术革新上，所以这种争论或许并不会出现。对比一下现实中我们对技术革新的争论。这些争论往往倾向于引发关于我们是否已经适当地权衡了所有成本和收益的问题；我们应当期待用最有效的方式与世界打交道，这本身并没有什么可讨论的。我们的世界由我们最基本的偏好——对效率和灵活性的喜好——支撑，而这些偏好在很大程度上已经退出了人们的视线。

正是这种自行锁闭而又庇护的特征，使大地成为大地，而不是它具有任何特定质料的属性。“大地是那永远自行锁闭者和如此这般的庇护者的无所促迫的涌现”（《艺术作品的本源》，第174页）。就这一点来说，有些人可能会失望地举起手喊着说，“海德格尔为什么不直接告诉我们大地到底是什么?”这种问题是在寻找一种让事物独立于任何世界而可理解的方式。但海德格尔的观点是，并不存在诸如此类超然于世界的视角来领会事物。每当我们对任何事物有所领会，这种领会都基于我们的世界，并且建立在大地隐退的基础之上。倘若我们具体指定大地是什么，那么，我们将只是以它相对于我们的世界经验是如何显现的来为其命名罢了。

但这不应该让你觉得“大地”是一种抽象。总有一些东西抵抗而又支撑着我们的实践活动，它们是非常真实的。

艺术作品通过帮助确立一种能够支配一切事物以何种方式显现的融贯的风格或存在方式，引发了大地与世界之间的争执。艺术作品本身就是争执发生之地。它“建立”世界，“置造”大地——也就是让每一方有足够确定的形式，彼此
p.83 之间可以发生争执。伟大的艺术作品的作用在于，通过让某种组织事务的风格闪烁，并使我们适合于它们，从而使某个世界成为可能。它建立了一种风格，并吸引我们去了解他。这种风格或者说栖居于世界的方式被描绘得如此之美，虽然（或者说正因为）我们无法理解，却感到被它吸引。每一件艺术作品都让某个特定的事物——比如鞋子或建筑——以其在那个世界中显现的样子被我们所见。艺术作品纯粹而简单地向我们展示了事物的本质，没有任何干扰或矫饰，我们因此能够看到世界中真正的关键所在，或许也正因为如此才被它吸引。换言之，艺术作品让某些存在者闪烁，以美的形式显现，从而带给我们对世界不同的感受。唯有某些事物闪烁，并且以美的形式显现时，我们才会被吸引开始参与到实践活动当中，从而让新世界在大地上安家。

当然，艺术作品并非唯一可以“闪烁”的东西，也就是说，并不是唯一撑起一种新的存在方式或风格，吸引我们去关注的东西。海德格尔指出，创造一种存在的新真理，发生在“思想者的追问”中，也就是说，哲学家阐明一种让世界

具有意义的新样式。其他方式包括诸如“建立国家的活动”以及“本质性的牺牲”（《艺术作品的本源》，第186—187页）等。当海德格尔1935—1936年在德国写下这些时，显然想到的是国家社会主义运动，它使希特勒在德国获得了绝对权力，并导致一个新的国家社会主义政权建立。

1933年，海德格尔被任命为弗莱堡大学校长并加入了国家社会主义德国工人党（即纳粹党）。同年，希特勒成为德国总理，国会通过的授权法案让希特勒获得了在德国的绝对权力。1934年，海德格尔辞去了校长职务，但在此之前，他深入参与了纳粹党的大学改革计划。纳粹党着手重新组织德 p.84
国生活的方方面面，包括大学；海德格尔希望利用这个机会在弗莱堡实现他对德国大学中哲学与科学关系的愿景（参见：汤姆森，2005A，第32—34页）。纳粹党的反现代性也吸引了海德格尔，他希望这能让德国实现一种非技术主义的日常生活组织方式。海德格尔后来承认，他对“希特勒所抱的希望彻底破灭了”，他帮助国家社会主义向更哲学的方向发展的野心结局同样如此（参见：《谈话以及生活道路的其他见证》，第697页；下简称《谈话》）。甚至他对大学改革的抱负也遭遇挫折。由于在担任校长期间支持国家社会主义政权，“清除纳粹委员会”在战后禁止海德格尔授课。

海德格尔宣称一种本质性的牺牲能够开启一个新世界，他在担任弗莱堡大学校长期间的公开演讲为我们提供了若干解释这一观点的线索。若不考虑纳粹德国的历史背景，“本质性牺牲”可以指任何为某项事业而放弃生命或存在的行为，例如耶稣在十字架上的自我牺牲，它开辟了基督教的世界（参见：德雷福斯，《海德格尔的艺术本体论》）。但我们无法忽略历史背景。在与撰写《艺术作品的本源》大致同时期的公开演讲中，海德格尔多次采用了国家社会主义的殉道修辞。他告诫弗莱堡大学的学生，以1914年在朗格马克（伊珀尔）战役中被屠杀的学生士兵精神而为国家牺牲自己。（参见《作为劳动者的德国学生》，出自《谈话》，第197页）据传说，朗格马克战役中的德国青年，高呼着“德意志，德
p.85 意志，高于一切”冲向死亡。海德格尔还经常把阿尔伯特·列奥·施拉格特的牺牲理想化，后者是纳粹党早期成员并被称为一个英雄，1923年在法国占领鲁尔期间因破坏活动而被法国人处决（参见《开学致辞》，出自《谈话》，第97页；《作为劳动者的德国学生》，第207页；或者《悼念施拉格特》，出自《谈话》，第759—760页）。海德格尔还赞扬了第一次世界大战前线的士兵为德国人民做出的“最高牺牲”（参见《我们中学毕业25年后》，出自《谈话》，第279页；另见《荷尔德林的赞美诗〈日耳曼人〉和〈莱茵河〉》，第72—73页）。从这一切可以清晰地看出，在他看来代表了新生国家社会主义政权的牺牲，正是《艺术作品的本源》中所描述的那种世界的无蔽状态。正如他在题为《国家社会主义政权中的大学》中所解释的那样，“我们当代人站在为新现实的斗争中。我们只是一个通道，只是一种牺牲。”（《国家社会主

义政权中的大学》，出自《谈话》，第765页）

换言之，纳粹领导人和英雄们的行为在海德格尔眼中是光辉事迹的典范——这些行为吸引和激励人民重塑自己的实践活动，并且改变他们对世界的现身情态。海德格尔错误地相信，国家社会主义运动为德国人民提供了一个机会，让他们能够抵制现代主义最糟糕的特征，这些特征正在扰乱和威胁德国的传统生活形式（当然，海德格尔并非唯一一个犯这种错误的人，但这绝非他支持纳粹政权的借口）。正如我们将在本书第九章看到的，海德格尔认为，现代世界的技术样式导致一切事物，包括人类都被简化为资源，这对我们过上有意义生活的能力构成了严重威胁。

海德格尔对艺术作品的理解有助于解释他为何容易受到国家社会主义的蛊惑。他在纳粹主义中看到了改变当前世界 p.86
格局，将德国从现代主义中剥离出来，为生存开辟新的可能性的机会。因为大地，也就是一个新世界的决断建基的基础是无法明确的——实际上，为了掌控新世界，必须自行锁闭——那些被新的艺术作品或者其他闪烁所吸引，以及在艺术作品的光辉中“改造存在者”的人（《哲学论稿》，第96页），总是更容易陷入到这样的危险当中：所得到的世界比现有的生存模式更可怕。所以我们应该谴责的是，海德格尔似乎并未充分认识到这种危险。

对许多哲学家来说，海德格尔与国家社会主义的牵扯为无视他的作品提供了充分的理由（或至少是一个借口）。而对海德格尔的学生来说，他犯下的严重错误明确提示了其思想的严重后果，这是每个负责任的海德格尔追随者都需要接受的事实。但我们至少可以说，令人尴尬的是，自称对世界的历史运动有着独特见解的海德格尔，事实证明他对眼前发生的事件的意义却有着如此可怕的盲目性。看到海德格尔在当时的情况下表现得如此糟糕，简直令人痛心疾首——例如，虽然没有什么证据表明海德格尔本人是反犹主义者，但当盛行的反犹主义能够为其所用时，他也会去利用。因此，应当从海德格尔与纳粹党的关系中吸取什么教训，这一问题成为学术界争论最激烈的问题之一，便不足为奇了。（关于海德格尔与纳粹主义关系的不同研究策略概述，参见：汤姆森，《海德格尔与国家社会主义》）

尽管海德格尔从未放弃过世界以抗拒清晰性和理性基础
p.87 的方式而敞开的想法，但其战后的工作确实在某种程度上转向了克服自己在政治上的天真，毕竟这导致了他与国家社会主义之间的灾难性牵扯。为了做到这一点，首先，他对现代世界的危险性有了比以往更清晰的认识——这种危险促使海德格尔相信我们需要揭开一个新的世界。一旦他能够从技术层面阐明现代性的危险之处，就会清楚地看到，国家社会主义只是现代技术运动的另一种表现（即便它是在以倒退的目标来利用技术）。第二，海德格尔放弃了对斗争、神话政治行为以及牺牲的浪漫化迷恋，而是主张对大地和天空、凡人与诸神的一种更为温和、更易接受的敞开形式。

8

# 语　言

p.88 人们把说话视为他们借助说话器官对思想的分音节表达。但说同时也是听。习惯上，人们把说与听相互对立起来：一方说，另一方听。可是，听不光是伴随和围绕着说而已，犹如在对话当中发生的情形。说与听的同时性有着更多的意味。作为道说，说从自身而来就是一种听。所以，说并非*同时*是一种听，而是*首先*就是一种听。此种顺从语言的听也先于一切通常以最不起眼的方式发生的听。我们不仅是说这种语言，我们从*这种语言而来*说话。只是由于我们一向已经顺从语言而有所听了，我们才能从语言而来说话。我们听什么呢？我们听语言之说话。

但竟是语言本身说话吗？语言并不具有说话器官，那么它如何能实现这种说话呢？可是语言

> 说话。语言首先而且根本地遵循着说话的本质现
> 身，即：道说。语言说话，因为语言道说，语言
> 显示。语言之道说从曾经被说的和迄今尚未被说
> 的道说中涌出，而此种道说勾画出语言本质之剖
> 面。语言说话，因为作为道示的语言在达于在场
> 的一切地带之际每每从这一切地带而来让在场者
> 显现和显露出来。照此看来，我们是通过让语言 p.89
> 之道说向我们道说而听从语言。无论我们通常还
> 以何种方式听，无论我们在何处听什么，听都是
> 一种已经把一切觉知和表象都扣留起来的*让自行*
> *道说*。在说话（作为顺从语言的听）中，我们
> 跟随被听的道说来道说。我们让道说的无声之
> 音到来，在那里我们要求着已然向我们张开的
> 声音，充分地向着这种声音而召唤这种声音。
> （《走向语言之途》，出自《在通向语言的途
> 中》，第123—124页）[①]

在20世纪，语言分析一直是英语世界中哲学的基石。按照牛津大学的哲学家迈克尔·达米特的解释，所谓“分析哲学”建立在两个信念基础之上：“第一，通过对语言的一种哲学说明可以获得对思想的一种哲学说明；第二，只有这样

① 中译引自商务印书馆2015年出版的孙周兴译本，下同。——译者注

才能获得一种综合的说明。”（《分析哲学的起源》，第4页）[1]对于分析哲学家来说，理解某一事物的唯一途径就是对我们用来谈论该事物的句子或词语进行分析。这反过来也让语言哲学在当代哲学中占据了相当重要的位置。

海德格尔同样认为，对语言的反思是思想的核心任务，但他从语言研究中得出的经验与分析哲学家截然不同。分析哲学家试图通过研究语言的逻辑结构来了解我们的心理状态和态度的结构。海德格尔对语言的逻辑结构并不感兴趣，而是关注不同的语言在世界中建立不同的存在样式方面所起的作用。对海德格尔来说，理解语言的关键特点是关注我们对语言的反应，也就是说，“在我们道说之前”语言塑造并引导我们对自己和周围世界的理解的方式。

p.90 为了说明这一点，试着想象一下，我请你看向窗外，告诉我看到了什么。当你看着眼前的景象时，某些特征作为所要描绘的重要内容浮现出来。当你开始描绘它时，现成的词汇就会出现在你面前。你正在用语言回应世界（以已然可言说的）呈现自身的方式。正如海德格尔所描述的，“我们从语言而来说话”——更确切地说，我们由于有所“听”而从语言而来说话，我们让“道说的无声之音到来，然后我们恳求、接纳，向着这种声音而召唤已经为我们而保存的声音”（有改动）。我们进行谈话时也在听着道说，表现为要道出的

① 中译引自上海译文出版社2016年出版的王路译本。——译者注

合适话语几乎就像出自它们自身的意愿一样向我们而来。但是，即便我们有过语言无能为力，或者语言否认自身的体验的经验，但当我们抓住语言之际，也是在听着语言对这个问题道说出了什么。

因此，道说起源于某种独立于我们特定意图，某种向我们显示世界以如此这般的方式可被我们道说的东西。当海德格尔说“说乃是顺从我们所说的语言的听”时，所考虑的就是这种现象。海德格尔将我们听的东西命名为“源始语言”或“语言的本质”。[①]

海德格尔认为，语言的本质是道示事物的“道说”：“语言说话，因为语言道说，语言显示。……语言说话，因为作为道示的语言在达于在场的一切地带之际每每从这一切地带而来让在场者显现和显露出来。”因此，源始语言是先于任何人类语言的表达，它通过以某种结构设定事物而突出世界的某些特定特征。源始语言是一种显示或道示，是对某些事物而非另一些事物的凸显。源始语言中的“道说”与现实中 p.91
的发声表达完全不同。再想一想，当我们进行谈话，有某些语词提供给我们时的现象。我们实际上并不是听到对着我们说的那些言辞，而后再大声重复。相反，语言通过向我们道示“道说”，直接引导我们应该说什么。它默默地、难以察

① 这篇文章的英译本在出版时令人费解地将海德格尔的术语“语言本质”直接译成了“语言”。

觉地把我们的注意力引向要说的话。如海德格尔有时所说的那样，语言是一种“作为道示的道说”——它道示了被说出来的东西是什么，从而使事物在视野中显现或消失（参见《走向语言之途》，第126页）。

在解释语言如何“道说”和“道示”世界之前，我们有必要进一步就海德格尔从“语言的本质”或“语言本质”角度对源始语言的描述做出说明。由连接两个名词的属格“of”构成的“Y的X（X of Y）”形式的短语，有时会产生歧义——特别是X暗指一个动词的情况下。例如，让我们思考莎士比亚的一句话“（对）国王的恐惧和害怕（the dread and fear of kings）”：它可能指的是国王令人感到恐惧和害怕，或者，因为“恐惧”或“害怕”是由动词变化而来的名词，所以国王恐惧和害怕什么东西。当然，通过上下文往往可以消除歧义：“对上帝的敬畏”和“对高度的恐惧”一定意味着某个人惧怕上帝或高度（上帝和高度不会感到害怕）。还有其他此类语句没有歧义，因为X命名某个实体，而非意指一个行动：“国王的妻子”就没有这种歧义性。通常情况下，“语言的本质”这个表述也不会有歧义，因为名词“本质”并不意指任何行为。但海德格尔并未以惯常的方式使用“本质”（德文Wesen）：他将这个词变成了一个动词。

p.92 在海德格尔那里，“本质现身”意思是“将某物带到其本质”，在这里，一个事物的本质在于关于此物对我们来说什么是要紧的。本质决定了人们如何恰当地与它以及与它有关的事物有所牵连：

> “它本质现身”意味着：它在场，在持续之际关涉我们，并且为我们开辟道路。这样来看，本质所命名的就是持续者，就是在一切事物中关涉我们的东西，因为它为一切开辟了道路。（《语言的本质》，出自《在通向语言的途中》，第190页）

显然，海德格尔是以一种不同于哲学传统的方式在使用“本质”一词。在哲学传统中，一个事物的本质是使该事物成为其所是的基本属性，或者是我们据以把握事物其所是的概念。对海德格尔来说，一个事物的本质是引导我们认识某种本质属性或本质概念的东西。我们可以用一个例子来说明这一点。对于任何特定的事物，都有潜在的无限多个概念来把握它，因为它具有无限多的属性。例如，一块金子有颜色、重量、质地和形状，但也有各种各样的其他属性，如适合做手镯，闪烁着近乎神圣的光芒，被埋在河床的沙子里等等。在所有这些属性中，哪些是这块金子的本质属性，哪些对其存在来说又是偶然属性？当我们决断任何特定的对象是什么，进而确定其基本属性是什么时，靠的是从它的无限属性中挑选出最为重要的子集。要做到这一点，我们需要对什么东西对我重要，什么东西与我有关之类有一种先在的感觉——换言之，我们需要先被世界以特定的方式安置，这样某些事物就会显得与我们有关和重要，而另一些会显得微不足道。在海德格尔的意义上，当某些东西“为我们所动”“与我们牵涉”“从各方面来说对我们重要”时，它就“本质
p.93 地现身了”。我们揭示出自己行为的本质属性——传统意义上的事物本质——是因为海德格尔式本质通过以某种特定的方式驱动我们被事物所安置，从而让特定的“存在特征……得以升起”（《哲学的基本问题》，第112页）。

因此，不同的领域和世界会有不同的海德格尔式本质，而栖居于一个世界某种程度上说就是被这个世界特有的本质所触动。这就显示出海德格尔所拒斥的传统本质观的另一个部分。本质在传统上被理解为静态的、不变的属性。而对海德格尔来说，哪些属性是本质的，将取决于海德格尔式本质如何将我们引导向世界，因此，一个事物的本质可能会在历史过程中发生变化，因为不同的时代或文化的“本质现身”方式或许并不相同。举例来说，事物的重要性对某种文化来说在于，事物通过与上帝相像切近上帝的程度。而另一个时代或文化可能认为一个事物真正的存在在于，是什么让它成为资源、能够灵活有效地被使用。当一个以第一种方式对待世界的人看到黄金时，她会把黄金像上帝一样的属性视为本质——它不易腐蚀、具有神圣的光泽等。而以第二种方式对待世界的人遇到黄金时，她会把黄金的本质属性看做是我们能够最灵活和有效地作为资源使用它的任何

特性。事实证明，这些属性都是物理学和化学所关注的属性，即原子结构。

现在让我们回到“语言本质”这一概念。由于在海德格尔那里“本质”是一个东西，因此这个表述既可以指使语言成为其所是的属性（即语言的本质属性），也可以指语言所做的事：语言本质地现身。而且，实际上，海德格尔希望我 p.94
们在思考源始语言时关注后一种涵义。上文中“语言的本质”这一表述是为了排除含混性。它的意思很简单：语言的本质现身，语言将事物带入其本质，语言“触动我们”，因此事物以一种特殊的方式对我们来说具有重要性，语言铺设了道路，使我们可以在存在者之间活动，使存在者可以以其所是的方式相互依存。在海德格尔的另一篇文章中，语言是“为世界开辟道路的道说”（《语言的本质》，出自《在通向语言的途中》，第203页）。由此，本质语言或者说源始语言是让不同的世界或文化以不同方式现身的原因，也是使事物成为属于那些世界中的事物的原因。

就这一点而言，我们需要引入一个重要的区别。海德格尔区分了给予我们对世界最基本感觉的源始语言和我们用来彼此交流世界中事物的普通日常语言。源始语言是“无声的”，也就是说，它不使用言语而“道说”世界。日常语言只用言语说话。源始语言向我们展示了关于事物的重要以及无关紧要之处，并且让我们看到事物应当如何彼此安置。日常语言所表达的事实是源始语言让我们看到的。源始语言通过让我们现身于世界而道说，由此让我们知晓世界按照特定存在方式而排列和组织起来。因此，所有事物都有一个特定的本质，对我们来说很重要，并且促使我们以特定的方式做出反应。当我们与他人共享对世界的定位时，就能够用日常语言的言语进行交流，因为此时日常语言的本质现身使世界
p.95 的共同特征对沟通双方凸显出来，吸引我们的注意，并让他们自己被我们所谈论。当世界以同样的样式被表达，当我们“倾听语言”，“让语言对我们道说其道说”时，我们就共享了一种源始的语言。当“我们让道说的无声之音到来，在那里我们要求着已然向我们张开的声音，充分地向着这种声音而召唤这种声音”时，就在施行语言行为，这是以正确的方式对世界的表达方式的回应。

但是，源始语言无声地、没有言语地向我们道说到底是什么意思呢？它又是如何在此过程中组织世界的呢？源始语言不适用语词或语言表达，是因为它所关注的不是告知我们事实，而是让我们以一种特殊的方式感受世界。源始语言通过让我们以合适的心境感受世界而与我们对话。在一篇优美却被忽视的文章《属于钟楼的秘密》（出自《从思想的经验而来》）中，海德格尔以自己年轻时在巴登州梅斯基尔希村的例子来阐明这一作用，这是一个虔诚的天主教教区。海德格尔的父亲是一名教堂司事，所以宗教和神学研究在他的早期教育中发挥着核心作用。海德格尔甚至在1909年秋进入奥地利费尔德基文希的耶稣会见习，后来因健康原因被辞退。

最终他与“天主教体系”决裂，认为这个体系“有问题，无法接受”。不过在其职业生涯早期还继续教授宗教现象学和形而上学的现象学，并在后来的生活中经常会回头思考体验神性的可能性问题。

当回溯自己年轻时的信仰时，海德格尔回想起教堂的钟声如何将每天、每个礼拜和每一年衔接成不同的时间和季节。人们只要听到一声钟响，就会恰如其分地进入一种到教堂做礼拜的情绪之中。在这种情绪之下，事物就会以适合教 p.96
堂礼拜的方式显现。他回忆说，孩童时代，钟楼的钟声渗透到他的所有活动中，回荡于时间、季节、宗教节日、圣餐仪式，并为睡觉和玩耍打上记号，昭告着工作日的不同时刻。教堂钟声将所有这些不同活动聚集在宗教仪式上，并通过将它们与圣坛上的神性显现联系起来，将整个世界的实践活动凝聚成一个统一的整体。换言之，钟声将海德格尔对世界的调适整合为一种以他对神圣的体验为基础的统一性，并使他能够依据钟声敲响之地，在一个由上帝的存在赋予意义和一致性的世界中体验到每一件具体的事。当我们注意到最源始语言的声音时，这种给予世界一致性、安置事物于其本质中的调适就已经发生了。

一旦我们认识到事物对我们来说具有某种意义，就会很自然地连同其他事物一起使用它们，并且会在适合其所具有的意义的活动中对其加以运用。例如，考虑到中世纪基督教对世界的理解倾向，黄金或许会以一种独特的方式与圣像、圣杯和书籍封面摆列在一起，因为高尚是黄金的本质属性，这种属性在圣像、圣杯和圣经等神圣物品中得到了最完美的体现。如今，画像、杯子和书籍都不是什么神圣之物，中世纪对黄金的处置方式是对宝贵资源极其低效的利用，按照黄金的各种特性，将这一资源用在工业应用中要好得多。源始语言最终塑造了一种文化上的存在样式。由于这样的本质占据优势，人与人之间的关系就必须按照此类样式来表达。源始语言就是这样的表达，它“给予某种存在的本质以尺度”
p.97 （参见《走向语言之途》，第23页）。在前述引文中，海德格尔通过将语言本质描述为“剖面”（Anfriss，也有草稿、草图之意）来表达这一思想。源始语言通过事先草拟或勾勒出可以体验、感知或思考的事物得以本质地现身。

因此，海德格尔所讨论的语言指的是一种对我们道说的语言，正如他在前述引文中所言，它“在我们说话之前”。我们言说，是因为我们被语言所占有，这意味着我们被以一种特殊的方式引导着朝向世界中的事物和领域。当我说一种语言时——或者倒不如说当一种语言对我道说时——特定的事物作为对我的世界而言的某种特殊意义、重要性和相关性向我显示自身。正如海德格尔写道：“语言本质显现其本质之处，在其作为形成世界的力量而发生之处，亦即，在那里，它预先构成了存在者的存在，并将其带入到了构造之中”（《作为追问语言本质问题的逻辑学》，第171页）。例如，由于源始语言的不同，中世纪基督徒和现代技术爱好者栖居于不同的世界中。这意味着，他们的日常语言最终也会不同。对二者来说，“黄金”这个词所命名的东西也并不相同。对技术爱好者而言，“黄金”是一种特别有用的资源，而对中世纪的人而言，“黄金”是一种高尚的、不可侵犯的金属。

9

# 技　术

p.98 什么是现代技术呢？它是一种解蔽。……在现代技术中起支配作用的解蔽乃是一种促逼，此种促逼向自然提出蛮横要求，要求自然提供本身能够被开采和贮藏的能量。但这岂不也是古代的风车所为的么？非也。风车的翼子的确在风中转动，它们直接地听任风的吹拂。可是，风车并没有为贮藏能量而开发出风流的能量。

与之相反，某个地带被促逼入对煤炭和矿石的开采之中。这个地带于是便揭示自身为煤炭区、矿产基底。农民从前耕作的田野则是另一个样子；那时候，“耕作”还意味着：关心和照料。农民的所作所为并不是促逼耕地。在播种时，它把种子交给生长之力，并且守护着种子的发育。而现在，就连天地的耕作也已经沦于一种完全不同的摆置着自然的订置的漩涡中了。它在促逼意义上摆置着自然。于是，耕作农业成了机械化的食物工业。空气为着氮料的出产而被摆置，土地为着矿石而被摆置，矿石为着铀之类的材料而被摆置，铀为着原子能而被摆置，而原子能则可以为毁灭或者和平利用的目的而被释放出来。

这种促逼着自然能量的摆置乃是一种双重意 p.99
义上的开采，它通过开发和摆出而开采。但这种开采首先适应于对另一回事情的推动，就是推进到那种以最小的消耗而尽可能大的利用中去。在煤炭区开采的煤炭并非为了仅仅简单地在某处现成存在而受摆置。煤炭蕴藏着，也就是说，它是为着对在其中贮藏的太阳热量的订置而在场的。太阳热量为着热能而被促逼，热能被订置而提供出蒸汽，蒸汽的压力推动驱动装置，这样一来，一座工厂便得以保持运转了。

贯通并统治着现代技术的解蔽具有促逼意义上的摆置之特征。这种促逼之发生，乃由于自然中遮蔽着的能量被开发出来，被开发的东西被改变，被改变的东西被贮藏，被贮藏的东西又被分配，被分配的东西又重新被转换。开发、改变、贮藏、分配、转换都是解蔽之方式。可是解蔽并没有简单地终止，它也没有流失于不确定的东西

> 中。解蔽向它本身揭示出它自身的多重啮合的轨道，这是由于它控制着这些轨道。这种控制本身从它这方面看是处处得到保障的。控制和保障甚至成为促逼着的解蔽的主要特征。
>
> 那么，无蔽状态的何种方式是为那种通过促逼着的摆置而完成的东西所特有的呢？这种东西处处被订置而立即到场，而且是为了本身能为进一步的订置所订置而到场。如此这般被订置的东西具有其特有的站立。这种站立，我们称之为持存。“持存”一词在此的意思超出了单纯的“贮存”，并且比后者更为根本。“持存”一词眼下进入了一个名称的地位上。它所标识的，无非是为促逼着的解蔽所涉及的一切东西的在场方式。在
> p.100 持存意义上立身的东西，不再作为对象而与我们相对而立。(《技术的追问》，出自《演讲与论文集》，第14—17页）①

传统生活模式在20世纪头几十年里发生了巨大的变化。在大多数欧洲国家和美国过早已开始的工业化彻底改革了德国的农业和所有其他行业，工人被取代，进而导致大规模移民涌向城市。随着交通运输技术的改进，地方经济被卷入国

① 中译引自商务印书馆2020年出版的孙周兴译本（修订译本）。——译者注

内和世界市场中。新通信技术带来了观念的新的娱乐形式——电影、广播、音乐——传播的加速，这些变化给欧洲文化遗产带来了威胁。同时，现代科学在以自然的方式解释世界中的一切方面所具有的优势，导致了马克斯·韦伯所说的世界的“祛魅”，似乎世界上不再有精神、上帝或神圣性的位置。在这种背景下，哲学家们为了理解技术对日常生活构成的威胁和保障，开始反思技术的本质就不奇怪了。

对海德格尔来说，技术带来的威胁多于保障。在生命最后的几十年里，海德格尔多次就技术问题进行演讲，并且频繁发表相关文章。他对“解蔽的技术模式”的关注主要由这样的信念驱动：如果我们开始将一切都只看作资源，那么，我们过上一种值得过的生活的能力就会受到威胁。作为一个思想者，他的任务是唤醒我们对这个时代的危险的认识，并为我们指明规避技术时代陷阱的可能途径。

海德格尔后期著作的一个核心论题是，始终存在着前后
相继的不同世界，每个世界都有自己的本质。这些世界将其 p.101
中的存在者组织成不同的可理解的秩序，从而使其居民对于如何开展自己的生活具有非常不同的领会。例如，在基督教占主导地位的中世纪，一切都以上帝造物的形式显现，并且以它们与上帝自身本质的切近或偏离而进行定义。西方文化从15和16世纪开始进入现代，在这样的时代中，一切事物的显现形式，要么是具有深刻本质的主体，要么是具有固定属性的客体。海德格尔认为，随着现代机械技术的出现，现

代性开始在重要方面发生变化。在新兴时代，即技术时代，一切都显现为需要以无数种方式被重新组织，以便使之更有效、更灵活和更有用。

我们可以通过思考人类在每个时代的不同显现方式来说明这些时代的差异。当一个以基督徒的形式现身于世界的人遇到人类时，她会将人类视为上帝的子民，并且根据他们服从上帝意志的程度来判断此人的善恶。在中世纪，人类被划分成两种范畴来理解，“圣人”和“罪人”。而当一个以技术方式现身于世界的人遇到人类时，她会将人类看作资源。优秀的人是最能灵活地应对市场变化、文化的多元性，以及社会规范变革的人。在适应性方面，技术时代的人类与所有其他事物共享着同一种“存在样式”。因为现在一切都按照其灵活性和效率来评价。

换言之，现代技术已经改变了我们对世界的趣味或感觉。我们希望所有事物都能随叫随到，在我们想要的时候就能使用，无论是出于什么目的。当我们不断探索如何最有效
p.102 地重新安排事物以及重新调整做法时，周围事物的意义也会相应地发生变化。海德格尔指出，“农民从前耕作的田野则是另一个样子；那时候‘耕作’还意味着：关心和照料……而现在，就连田地的耕作也已经沦于一种完全不同的摆置着自然的订置的漩涡中了。”在以前的时代，耕作方式体现了上帝将动物、植物和土地托付给我们的意识。在这样的世界中，耕作可以说是一种天职，一种对培育和照管土地的召

唤，而不仅仅是一份工作。相比之下，如今的食品工业已经实现了机械化和工业化，已经不再守护土地和动物。相反，我们已经着手改善自然，先是通过育种，接着通过基因工程，“促逼”自然完成我们想做的事。

在技术时代，对我们来说最重要的是让所有东西都得到“最大可能的使用”。[①]为了事物能够最大限度地被使用，不能由任何固定的目的来限制我们对它们的操作。由于我们与技术的关系最终会改变我们遇到的一切事物的本质，所以现代技术与以前的技术有极大的不同。过去的时代当然也有自己的技术，这些技术同样帮助了人们更有效地利用事物。但是，前现代的技术是自己适应了事物所具有的固有属性。相比之下，现代技术是一种“促逼着自然能量的摆置”。(英译将这段话中的“摆置”和“订置”都译为“设置”。这种译法会产生误导；这里的主要意思并不是说技术侵犯事物，尽管技术能这样做，而是说技术以一种特殊的方式安排和摆列世界。）在挑战自然方面，技术是一种“双重意义上的开采。它通过开发和摆出而开采。”技术开采或促进我们以任何我 p.103

① 在前述引文中，这句话的英译原文是“以最少的支出获取最大的收益”。这样翻译会有一定的误导性，因为这似乎在说事物总是有某些固定的“收益”是我们一直在追求的——收获最多的财富或类似的东西。德文Nutzung（利用、用途、收益）虽然可以翻译成英语yield（收益、效果、产出），但更字面的翻译能更清楚抓住海德格尔的意思。Nutzung来自于“利用”的动词形式nutzen，所以指的是“利用、使用”。因此，我们的技术实践活动所执行的并不是最大的收益，而是“最大可能的使用”。

们想要的方式使用事物的能力，通过开发，即将事物从它们的自然条件中转移出来，从而使其摆脱任何可能限制我们以最大效用和灵活性使用它们的属性。这就是海德格尔用古代的风车所要说明的：“风车的翼子的确在风中转动，它们直接地听任风的吹拂。可是，风车并没有为贮藏能量而开发出风流的能量。”相比之下，现代技术使自己摆脱了风车对风之本性不便之处的依赖。技术还促进或开采了我们对事物的最大利用，将其在自然中“摆出”——“摆出”的德文 herausstellt 字面意思是“把……陈列出来”。技术通过在理论上捕捉到事物以某种方法让我们解开它们的方式达成这一点。

技术赋予我们将具有固定属性的对象“转化为”资源的力量，如此它们便具有了灵活性，称为没有确定和必然特征或属性的东西。“被改变的东西被贮藏”，也就是说，无论何时，以何种方式，只要我们想要都可以利用。“被贮藏的东西又被分配，被分配的东西又被重新转换。”海德格尔最钟爱，也是最贴切的例子是电力。像煤炭这样的自然资源在其自然状态下适合燃烧并提供热量，但并不适合（随便举几个例子）写书或者创作音乐，煤炭的属性被转化为电力，并以这种形式流入电网之中。被开发、摆出、改变和转换的煤炭有了新的用途——加热、照明、播放音乐（通过 CD 播放器），为我们的阅读或观看艺术作品提供可视化显示等。

由于所有这些开发、摆出、改变和转化，存在者如今缺
p.104 乏任何内在的意义、用途或目的。海德格尔将存在者在技术

世界中的显现方式以及被经验到的方式称为“资源”，或者前文中的译法“持存”。在技术时代，即便是人也从具有固定欲望和深刻内在真理的现代主体沦为“框定的功能者”（《不莱梅和弗莱堡演讲》，第30页）。在这样一个时代，驱动人类的是在其所有可能性当中获得最大利益满足的欲望，但没有真正意识到这些可能性本身是有价值的。因此，例如，教育的目标越来越多地是为学生提供批判思维、写作和研究的“技巧”，而不是教授学生事实和学科训练。这是因为，与学科不同，技巧能让学生适应任何可设想的工作情境。这种做法的驱动力在于，人们需要一个能够灵活自我重组的经济体，并将人力资源转移到当下恰好需要的任何地方上去。

当我们沉迷于技术设备的便利性和灵活性时，就会从具备或缺乏便利性和灵活性的角度来经验一切事物。其结果是，在终极和理想化的情况下，一切都被视为缺乏任何固定特征或确定“本性”的本质。这种解蔽“永不会终止”，因为它努力使一切都符合其作为资源的要求，并且更有效地确保资源。例如，我们一直在努力升级电网，使其更灵活、更有效率，更不显眼，更像是一种资源。但是，技术解蔽永无止境的本性并不是“不确定的东西”——尽管随着技术的改进，我们到底会以何种方式将其看作资源可能会有变化，但一切都以资源的形式显现。

海德格尔认为，日常活动的技术化自然而然地深刻改变了我们的生活特征，这种改变有可能是灾难性的。他写道，p.105 尤其是技术意味着我们遇到的存在者“不再作为各种对象立于我们面前”。事物被我们体验的方式，也不再是需要我们自行适应的固有属性。举例来说，与具有固定属性的对象或人打交道的过程中，我们要发展自己的身体和社会技能。相比之下，技术设备替代了对身体技能的要求，用某种机制来为我们做这一切。比如阿尔伯特·博格曼描绘了我们对诸如音乐这类普通事物不同的思考方式。在前技术时代，如果一个人想在家享受音乐，就需要发展演奏乐器的技能。而在技术时代，人们只需要轻点鼠标或按下按钮就可以享受音乐了。因此，在技术时代，我们自己失去了给予我们身份技能的能力，同样重要的是，我们失去了对周围事物的某种感受能力。正如我们将在下一章看到的，这将会危及我们作为人类最基本的东西。

# 10

# 我们栖居于物的有死性

p.106 从一种原始的统一性而来，天、地、神、人“四方”归于一体。

大地是效力承受者，开花结果者，它伸展于岩石和水流之中，涌现为植物和动物。当我们说大地，我们就已经一道思及其他三方，但并没有思索四方之纯一性。

天空是日月运行，群星闪烁，四季轮转，是昼之光明和隐晦，是夜之暗沉和启明，是节气的温寒，是白云的飘忽和天穹的湛蓝深远。当我们说天空，我们就已经一道思及其他三方，但并没有思索四方之纯一性。

诸神是有所暗示的神性使者。从神性那神圣的支配作用中，神显现而入于其当前，或者自行隐匿而入于其掩蔽。当我们指出诸神，我们就已经一道思及其他三方，但并没有思索四方之纯一性。

终有一死者乃是人。人之所以被叫做终有一死者，是因为人能够赴死。赴死意味着能够承受作为死亡的死亡。惟有死，而且只要人在大地上，在天空下，在诸神面前持留，人就不断地赴死。当我们指出终有一死者，我们就已经一道思 p.107
及其他三方，但我们并没有思索四方之纯一性。

我们把这四方的纯一性称为*四重整体*。终有一死的人通过栖居而在四重整体中存在。但栖居的基本特征乃是保护。终有一死者把四重整体保护在其本质之中，由此得以栖居。相应地，栖居者的保护也是四重的……

在拯救大地、接受天空、期待诸神和护送终有一死者的过程中，栖居发生为对四重整体的四重保护。保护意味着：守护四重整体的本质。得到守护的东西必定得到庇护。但如果栖居保护着四重整体，那么，它在哪里保藏着四重整体的本质呢？终有一死者如何实现作为这种保护的栖居呢？倘若栖居仅仅是一种在大地上、在天空下、在诸神面前和与人一道的逗留，那么，终有一死者就绝不能实现这种作为保护的栖居。毋宁说，栖居始终已经是一种在物那里的逗留。作为保护的栖居把四重整体保藏在终有一死者所逗留的东

> 西中，即在物中。
>
> 不过，这种在物那里的逗留并不是作为某个第五方而仅仅依附于前述的四重保护，相反，在物那里的逗留乃是在四重整体中的四重逗留一向得以一体地实现的惟一方式。栖居通过把四重整体的本质带入物中而保护着四重整体。但只有当物本身*作为物*而被允许在其本质中，物本身才庇护着四重整体。这又是如何发生的呢？乃是由于终有一死者爱护和保养着生长的物，并特别地建立着那些不生长的物。保养和建立就是狭义上的筑造。就*栖居*把四重整体保藏在物之中而言，栖居作为这种保藏乃是一种筑造。（《筑·居·思》，出自《诗歌·语言·思想》，第149—150页）①

对存在的技术化理解具有将一切都归结为资源的危险，
p.108 这样的存在缺乏固定的形式或内在的善与价值，无法对我们提出要求，或要求我们提供什么。在一个技术化的世界中，我们随心所欲地以任何方式使用任何东西，但相应地，我们也就没有理由需要做任何事——每件事都变得偶然而肤浅，每个行动都成了毫无意义的心血来潮的表现。我们最终丧失

① 中译引自商务印书馆2020年出版的孙周兴译本（出自《演讲与论文集》）。——译者注

了自己的本质，因为技术“每天都在更决然地回击人类本身，将人降级为一种可定制的资源。”（《符号》，出自《从思想的经验而来》，第211页）

从我们开始利用机械技术的惊人力量那一刻起，哲学家和艺术家就对我们控制这种力量的能力感到担忧。电影《黑客帝国》描绘了奥斯瓦尔德·斯宾格勒在1931年就警告过的威胁：“世界的主宰者正在成为机器的奴隶。机器逼迫他，事实上逼迫我们所有人，无论我们是否知晓，是否愿意，都要恪守它的路线。”（《人类与技术》，第75页）

相比之下，对海德格尔来说，对技术最主要的担忧并非在于我们逐渐依赖机器提供生活必需品，或者机器具有以往从未有过的毁灭生命的力量。真正的威胁是技术会剥夺我们人之为人的本质：“依其本质，人类总是被迫去做新实验（关于如何为人）”，但在技术世界中，“危险在于，人被完全交付给技术，有一天自己也会变成受到控制的机器。”（《从与佛教僧侣的对话而来》，出自《谈话》，第590页）当我们变成受控的机器时，将会失去实验新为人方式的能力。海德格尔在1969年的一次采访中解释说，我们或许会沦 p.109
为纯粹的资源，这种可能性具有比大规模杀伤性武器更危险的后果：“我想到了今天正在以生物物理学名义发展的东西。在可预见的未来，我们会具有以某种方式制造人的能力，即根据需要，单纯以有机存在的形式构建人：合适或者不合适，聪明或者愚笨”（维塞尔，第36页）。当然，对许多人来说，生物工程的前景是技术仍有待实现的最伟大前途之一。但对海德格尔来说，它将会清除把我们完全缩减为资源的最后障碍。当我们能以自认为合适的方式创造自身时，就不再承认对我们的任何限制或者不必要求我们有所敬畏。我们也就不会遇到任何能够激发我们探寻新为人方式的东西。

对于这种威胁，海德格尔以“栖居”回应。技术创造了一个唯有资源才能显现的世界；相比之下，栖居创立了一个空间，人类可以在此空间中再度找回其本质：

> 现代人首先必须要做的事，就是寻回适合其本质的广袤空间……*除非人类先在适合其本质以及占此栖居的空间中建立自身*，否则他将无法在当前普遍存在的天命中做任何本质之事。（《转向》，第39页；着重为作者所加，英译有修改）

德文Geschick这个词译为“天命”，既指某种技能或天资，也指天数或命运。天数或命运是先行确立了的事情的发生方式，以及它们将如何进行。德文Geschick一词的含混性对海德格尔来说是完美的——它捕捉到了，我们对世界所拥有的技能或天资，既从世界本身中生发，也塑造了世界本身
p.110 的展开。在我们这个时代，技术是我们的天命——人的技能和素质本质上是技术性的，这也作为在世界中展现和安置事物的普遍方式。

如果我们要改变天命，需要发展新的技能和素质，建立一个使世界能够以非技术的样式展开的空间。这种变化是通过栖居实现的。在栖居中，我们发展出适合“四重整体”或居所——大地、天空、神以及与我们共同居住的有死之人的实践活动与感受。进而，我们通过建造专此适合我们所居世界的东西来“将四重整体保藏在其本质中”；“栖居本身始终是一种在物那里的逗留”。当我们建造诸如此类的事物时，就不再将存在物缩减为我们周围单纯的资源。相反，我们让这些事物具有一个适合于它们的本质。如海德格尔在引文中所言，“栖居通过把四重整体的本质带入物中而保护着四重整体。但只有当物本身作为物而被允许在其本质中，物本身才庇护着四重整体。”海德格尔认为，当我们学会与特定的世界（我们的大地、天空、人以及神）和谐相处时，就可以从技术式的狂乱存在中解脱出来，进入一个由对我们来说真正重要的事物和活动所填充的世界，在这个世界中，我们自己并不是和其他事物一道被最大化了的资源。

在一个技术世界中，我们逐渐沉迷于灵活性和便利性。有人可能会觉得，以越来越灵活的方式运用所有事物，这种趋势的增长会让我们的生活更加惊险、刺激和充实。但海德格尔认为，所有以技术手段用来节省时间的设备，本意是让我们自由地进行真正有价值的追求，但实际上却导致现代人生活在一种极度无聊的情绪中。这种无聊让我们忙着沉溺于对娱乐和消遣的渴望。我们急切消费各种各样的电影或电视 p.111

节目，试图掩盖对我们来说已经无关紧要的世界中的深深的无聊感。“对于已经不再有时间做任何事的当代人而言，如果有了空闲，这段时间对他来说就太过漫长了。他必须通过消遣来缩短时间，从而驱散这漫长的时光。有趣的消遣理应是为了清除或至少是为了掩盖并使其忘掉无聊。”（《谈话》，第579页）海德格尔认为，这种无聊感是我们在技术世界中无法体会归家之感的一种症候。对消遣活动的追求暴露了我们试图掩盖对自己存在的不满，这种不满反过来又证明了我们对家的持续渴望。“思乡之情在人们不断逃往的陌生之地十分活跃，这个陌生之地愉悦着他，迷惑着他，充实他的时间，这样做或许是为了消磨时间，因为时间对他来说总是太长了。”（《谈话》，第579页）

在某处安家意味着有一种适合于满足某个特定地点或场所的生活方式。当技术世界把一切都归结为资源时，它追求的最大限度的效率、灵活性和可交换性摧毁了特殊性。在此过程中，它阻止了任何具有特殊性的事物在我们的生活中发挥独特和不可替代的作用：“在框定（安排我们世界的技术领会）中，一切都被设定为用相同的东西不断替换”（《不莱梅和弗莱堡演讲》，第45页）因此，无论你在博伊西，布里斯托尔还是北京，都可以在沃尔玛买到同样一款电视，或者在麦当劳吃同一份午餐。

我们要做的不是增加一切事物的普遍和统一的可用性，而是学习如何让事物成其所是，而非资源，并且发展适合于我们所居世界中特有的事物的实践活动，这个世界有自己特定的大地、天空、人的实践活动以及神。海德格尔打算让我 p.112 们以字面意思理解“大地”“天空”“人”和“神”。这里的大地是我们脚下的大地，是植物生长、“开花结果”的土地，是“在岩石和水流中生发”，“涌现出植物和动物”的大地。天空指的是我们头顶的天空，“是日月运行，群星闪烁，四季轮转，是昼之光明和隐晦，是夜之暗沉和启明，是节气的温寒，是白云的飘忽和天穹的湛蓝深远”。神是“所暗示的神性使者”①，换言之，是向我们发出召唤或神性信号的存在者，是神圣的、我们无力决断或控制的东西。我们是终有一死者：“终有一死者乃是人。他们被称为终有一死者是因为他们能够赴死。”

大地、天空、人和诸神可以成为一种“纯一性”，也就是一个世界：“世界是大地和天空、诸神和凡人的四重整体”（《不莱梅和弗莱堡演讲》，第48页）。世界是建构我们与周围的人和物之间关系的一个统一的、融贯的整体，它甚至构建了事物和活动之间相互配合和相互关涉的方式。四重整体所开辟的世界是被本土化的独特世界，具有一种由大地、天空、终有一死者和神在我们的居所中以相互制约的方式而决定的特征。正如海德格尔在其他地方所言，它们具有纯一

① 英译文有改动。德文Gottheit字面意思是“神性”，指的是神的本质，也就是英文的divinity。不应将其理解为任何一种特定的神。

性，因为它们各自经由彼此之间的“映照”“环回”“角力”而成其所是（参见：《转向》，第180页）。海德格尔解释说，映照由四重整体的每一方在反映其他三者的过程中变得可理解而形成（海德格尔用的词是“照亮”）。我认为这意味着四重整体的每一方只有在与其他方发生特定关联时才具有确
p.113 定的特征。例如，天空带来的天气，只有在潮湿的天气给大地上的水果以生长的可能性或人类活动的可能性时，它才是可理解的（在我的沙漠故乡，我们祈求狂风暴雨或暴风雪，认为这是神圣的恩赐，但在其他地方可能认为那是坏天气）。当大地在“天空的恩典之下繁荣”，就首先进入了其本质中（参见：《对我们本质的沉思》）。从大地、天空、终有一死者的实践活动以及神的互为条件中，世界作为一个统一和融贯的结构得以显现。

我们通过将自己的生活方式与所居住的世界相适应而栖居：“终有一死的人通过栖居而在四重整体中存在。……终有一死者把四重整体保护在其本质之中，由此得以栖居。”海德格尔在他处解释说，“保护本身并不仅仅包括对所保护的东西无所作为。真正的保护是积极的，当我们一开始就把某物留存于其本质中，当我们自己确保某物回归其本质中时，保护才发生。”（《演讲与论文集》，第142页）我们不是强迫一切事物成为一种资源，而是让其安置到适当的本质中。抑或倘若它已经是某种资源，我们通过发展实践活动，将其作为资源以外的东西来回应，“护送或庇护其回到”自身的本质中。

唯有当这些实践活动处理的事物适合于非技术实践活动时，它们才能真正确定下来。海德格尔解释说，“但只有当物本身作为物而被允许在其本质中，物本身才能庇护这四重整体。”

让我们进一步考察，通过以四重整体为条件来对其进行保存是何用意。海德格尔说，“栖居的保护也是四重的”，对应着四重整体的四方。我们栖居在“拯救大地、接受天空、期待诸神和护送终有一死者的过程中”。[①]所以这些本质上都是接受性的实践活动，我们的现身情态和领会由我们所打交道的事物塑造。 p.114

“拯救大地”包括“不耗尽大地、不控制大地、不征服大地”（《演讲与论文集》，第143页）。在我的故乡犹他州的沙漠荒野中，以大地为条件的方式之一便是与沙漠和谐共处，而不是像通常所做的那样，通过种植草坪来复制美国东部花园，将沙漠推到一边（参见博格曼）。现代灌溉系统和转基因抗旱植物等技术使我们能够掌控和征服大地，而不是受其限制。人类“只有以归家的方式回到自己的土地上，才会体会到对土地的占有”，也就是说，当我们在土地*自身的*特征中以土地为家，而不是将那些特征强加给它时，才会如此（参见：《对我们本质的沉思》）。

当我们“一任日月运行，群星游移，一任四季的幸与不

① 我再次改动了英译文。德文“护送”（Geleiten）意思并非“发起”某件事，而是指“护送”或“陪同”。

幸”时，也就接受了天空。栖居“并不使黑夜变成白昼，使白昼变成忙乱的烦躁不安”（《筑·居·思》，第150页）。这意味着我们将天空、白昼与黑夜、季节和天气的时间周期纳入到了我们的实践活动当中。当我们的饮食习惯要求食物在不应季时也要随时准备好，或者当我们工作、休息和娱乐模式不考虑一天、一年的时间，抑或不再认可神圣与世俗的节日，我们就把天空搁置到了一旁。

当我们的实践活动承认我们在大地的进程中包括成长与苦痛，健康与疾病时，我们就受到了我们有死性的限制。我们通过允许死亡伴随或护送我们进入某种适合于我们当下的力量和能力的生活方式认识到这一点。海德格尔在给一位朋友的信中解释说，在人类年岁中的依赖或信任被“很好地护
p.115 送到年岁的秘密中”：“［生命的］秋天是高贵的时光，它唤醒了对所有事物隐秘而和谐的感受……人生的每一个阶段，若其本真，都已经长成了自己的风格。”（《提奥菲尔·雷斯六十岁寿辰》，出自《谈话》，第436页）与这种接受终有一死相对立的是毫无约束地寻求立即的满足，就抛开了我们自己在处理年岁与局限性方面的在地文化实践活动，尝试从生物学和药物学的角度设计一种终结一切疾病的方法，甚至想要终结死亡。

我们敞开自己，与真正的神圣之物照面，期待并希望神性的降临。在等待神的过程中，终有一死者“期待着诸神到达的暗示，并没有看错诸神缺失的标志。他们并不为自己制

造神祇，并不崇拜偶像。在不妙中他们依然期待着已经隐匿了的美妙。”（《筑·居·思》，第150页；英译有改动）在此过程中，我们将会在我们的实践活动中纳入对神圣时间和神圣领域的认识，这也许体现在将大地体验为神的创造物，或者对神圣节日或人类生活神圣性所感受到的敬畏之中。（《参见：《艺术作品的本源》，第167页）

海德格尔指出，这个四重整体的生活方式——拯救、接受、期待和护送——无法维持，除非“在物那里逗留”。我们所使用的物，以一种颇为明显的方式——或许正因为太过明显才常常被忽视——支撑并制约着我们的实践活动和现身情态。举例来说，比较一下，住在一个超现代的公寓里，有辐射加热设备、电灯照明、光谱选择性窗户等等，与住在16世纪黑森林中的农舍，会有多大的不同。现代住宅不遗余力地将我们从拯救大地和天空的需求中解脱出来，而建筑、照明和取暖技术使我们能够在可想象的最荒芜之处建造住房。对照之下，黑森林中的农舍是为了专门应对某种气候和 p.116
地形而建造的。以下是海德格尔的描述：

> 让我们想一想两百多年前由农民栖居所筑造起来的黑森林里的一座农家院落。在那里，使天、地、神、人纯一地进入物中的迫切能力把这座房屋安置起来了。它把院落安排在朝南避风的山坡上，在牧场之间靠近泉水的地方。它给院落

> 一个宽阔地伸张的木板屋顶，这个屋顶以适当的倾斜度足以承受冬日积雪的重压，并且深深地下伸，保护着房屋使之免受漫漫冬夜的狂风的损害。它没有忘记公用桌子后面的圣坛，它在房屋里为摇篮和棺材——在那里被叫做死亡之树——设置了神圣的场地，并且因此为同一屋顶下的老老少少预先勾勒了他们的时代进程的特征。
> （《筑·居·思》，第160页）

正如海德格尔旋即指出的，这并不意味着我们应该建造这样的房子。实际上，这样做将无法认识我们这一方的世界。在海德格尔专门的意义上，只有我们“将四重整体的本质带入物中”，事物才是“物”——意思是说，我们“特为”（eigens）筑造它们，我们按照对我这一方的大地、天空、终有一死者和神的接受来自行这样做。若我们周围的存在者不以这种方式（不包括作为资源）接受限制，那么就不会要求我们使用为了生活在大地上、天空下、神面前而发展出的技能。当人们参观仅存的几座原始黑森林中的农舍时，会惊叹
p.117 于这些房屋组织和塑造居住者生活的方式。但是，如果不进行大幅度的改造以适应我们如今的饮食、卫生、家庭和工作等活动，我们就无法在这样的农舍中生活。

因此，海德格尔对技术的回应并不是对“从前或许一度在成为物的过程中，甚至现实地作为物而呈现”的东西怀旧

的渴望（《物》，第179页），而是允许我们自己受到世界的限制，进而通过筑造和培育专门适合我们四重整体的物来“将四重整体保藏在物中”。当我们的实践活动包纳了四重整体，我们的生活和周围的一切将会具有远远超过作为资源的重要性，因为它们，也只有它们才是适合我们栖居于这个世界的方式。结果便是，它们只能被用在我们的存在上。因此，我们最终会在所居之处安家，因为我们的实践活动只会朝向我这一方的世界。

在关于栖居的著述中，海德格尔的思想明显转向了诗意，这与《存在与时间》及其他早期著作中非常密集和技术化的散文风格形成了鲜明对比。我认为恰当地说，大多数哲学家并不清楚该如何对待海德格尔后期的诗化风格。但是，若我们将海德格尔的后期著作理解为其早期对日常实践活动领会世界经验的意义的延续，那么我们就能理解这些作品。

海德格尔对栖居的刻画，强调要学会扎根于我们自身在世界中的特定居所，这也反映了他自己的人生历程。在其随后的生涯中，海德格尔常常书写自己家乡的生活实践和乡野方言。他一生大部分时间在弗莱堡生活、任教，但他会尽可能多花时间住在其位于托特瑙贝格乡村的山间滑雪小屋。按照遗嘱，海德格尔在1976年去世后被葬在了故乡梅斯基希。如此看来，1933年，当他拒绝了柏林大学校长这个地位显赫的职位时声称，他的“整个工作都是由这群山和这些农民所支撑和引导的”，就毫不夸张了。（《从思想的经验而来》，第11页）

# 年　表

| | |
|---|---|
| 1889年9月26日 | 生于德国梅斯基希 |
| 1903—1909年 | 在康斯坦茨和弗莱堡的高级文理中学读书 |
| 1909年 | 在奥地利费尔德基文希的耶稣会见习。两周后因健康问题被辞退。 |
| 1909—1913年 | 先在弗莱堡大学学习神学和数学，而后学习哲学 |
| 1913年 | 获得弗莱堡大学哲学博士学位，论文题目是《心理主义中的判断学说》 |
| 1915年 | 成为弗莱堡大学讲师，提交的资格论文为《邓·司各脱的范畴与意义学说》 |
| 1915—1918年 | 服兵役 |
| 1917年 | 与艾弗里德·佩特蒂结婚 |
| 1919年 | 写信给神父恩格尔贝特·克雷布斯，说他的“内心正在呼唤哲学”，引导他拒绝“天主教体系” |
| 1919—1923年 | 在弗莱堡大学讲授现象学；担任胡塞尔的助手 |
| 1923年 | 受聘为马堡大学哲学副教授 |
| 1924年 | 开始与汉娜·阿伦特的恋情 |
| 1927年 | 《存在与时间》出版 |
| 1928年 | 接替胡塞尔成为弗莱堡大学哲学教授 |
| 1933年 | 加入纳粹党，并当选为弗莱堡大学校长 |
| 1934年 | 辞去校长职务 |
| 1935—1936年 | 在弗莱堡、苏黎世和法兰克福开展关于《艺术作品的本源》系列课程 |
| 1936—1940年 | 开设关于尼采的课程 |
| 1944年 | 被征召加入国民军 |
| 1945年 | “清除纳粹化委员会”听证会 |
| 1946—1949年 | 被禁止在大学授课 |
| 1949年 | 在不莱梅做四次演讲：《物》《座架》《危险》《转向》 |
| 1951—1952年 | 恢复教职；在弗莱堡大学开设《什么召唤思?》课程 |
| 1951年 | 在达姆施塔特发表演讲《筑·居·思》 |
| 1955年 | 在慕尼黑发表演讲《技术的追问》 |
| 1959年 | 《在通向语言的途中》出版 |
| 1976年5月26日 | 在德国弗莱堡逝世 |
| 1976年5月28日 | 安葬于德国梅斯基希 |

# 参考文献

Ayer, A. J., 'One's Knowledge of Other Minds' in *Essays in Philosophical Psychology*, ed. Donald F. Gustafson (Garden City, New York: Anchor Books, 1964), pp. 346-76.

Borgmann, Albert, *Technology and the Character of Contemporary Life* (Chicago: University of Chicago Press, 1987).

Brock, Werner, *An Introduction to Contemporary German Philosophy* (Cambridge: Cambridge University Press, 1935).

Descartes, René, *Discourse on Method and Meditations on First Philosophy*, trans. Donald A. Cress (Hackett, 1980).

Dreyfus, Hubert, 'Heidegger's Ontology of Art,' in *A Companion to Heidegger*, eds. Hubert Dreyfus and Mark Wrathall (Oxford: Blackwell, 2005).

Dummett, Michael, *Origins of Analytical Philosophy* (Cambridge, MA: Harvard University Press, 1994).

Glicksman, Marjorie, 'A Note on the Philosophy of Heidegger', *Journal of Philosophy*, 35:4 (1938), 93-104.

Grimm, Jacob, and Grimm, Wilhelm, *Deutsches Wörterbuch*, vol. 1 (Munich: Deutscher Taschenbuch Verlag, 1999).

Hanley, Susan B., *Everyday Things in Premodern Japan: The Hidden Legacy of Material Culture* (Berkeley: University of California Press, 1997).

Heidegger, Martin, *Aus der Erfahrung des Denkens. Gesamtausgabe*, vol. 13 (Frankfurt: Vittorio Klostermann, 1983).

—*The Basic Problems of Phenomenology*, trans. A. Hofstadter (Bloomington: Indiana University Press, 1982).

—*Basic Questions of Philosophy: Selected "Problems" of "Logic"*, trans. Richard Rojcewicz and André Schuwer (Bloomington: Indiana University Press, 1994).

—*Basic Writings*, rev. edn., various translators, ed. David Farrell Krell (San Francisco: HarperSanFrancisco, 1993).

—*Being and Time*, trans. J. Macquarrie and E. Robinson (San Francisco: HarperSanFrancisco, 1962).

—*Beiträge zur Philosophie (Vom Ereignis). Gesamtausgabe*, vol. 65 (Frankfurt:

Vittorio Klostermann, 1989).

— 'Besinnung auf unser Wesen', ed. F. W. von Herrmann (Frankfurt am Main: Private Publication of the Martin Heidegger Gesellschaft, 1994).

—*Bremer und Freiburger Vorträge. Gesamtausgabe*, vol. 79 (Frankfurt: Vittorio Klostermann, 1994).

—*Einführung in die phänomenologische Forschung. Gesamtausgabe*, vol. 17 (Frankfurt: Vittorio Klostermann, 1994).

—*Einleitung in die Philosophie. Gesamtausgabe*, vol. 27 (Frankfurt: Vittorio Klostermann, 1996).

—*Existence and Being*, trans. Werner Brock (Chicago: H. Regnery, 1949).

—*Frühe Schriften. Gesamtausgabe*, vol. 1 (Frankfurt: Vittorio Klostermann, 1978).

—*History of the Concept of Time: Prolegomena*, trans. T. Kisiel (Bloomington: Indiana University Press, 1985).

—*Hölderlins Hymnen 'Germanien' und 'Der Rhein'*. Gesamtausgabe, vol. 39 (Frankfurt: Vittorio Klostermann, 1980).

—*Holzwege. Gesamtausgabe*, vol. 5 (Frankfurt: Vittorio Klostermann, 1977).

—'Language', in *Poetry, Language, Thought.*

—'Letter on Humanism', in *Pathmarks*, ed. William McNeill (Cambridge: Cambridge University Press, 1998).

—*Logik als die Frage nach dem Wesen der Sprache. Gesamtausgabe*, vol. 38 (Frankfurt: Vittorio Klostermann, 1998).

—'The Nature of Language', in *On the Way to Language.*

—*On the Way to Language*, trans. Peter D. Hertz and Joan Stambaugh (San Francisco: HarperSanFrancisco, 1982).

—'Only a God Can Save Us: *Der Spiegel*'s interview with Martin Heidegger', in *The Heidegger Controversy: A Critical Reader*, ed. Richard Wolin (Cambridge: MIT Press, 1993).

—'The Origin of the Work of Art', in *Basic Writings*, rev. edn., various translators, ed. David Krell (San Francisco: HarperSanFrancisco, 1993).

—*Phänomenologische Interpretationen zu Aristoteles. Gesamtausgabe*, vol. 61 (Frankfurt: Vittorio Klostermann, 1985).

—*Plato's Sophist*, trans. R. Rojcewicz and A. Schuwer (Bloomington: Indiana University Press, 1997).

—*Poetry, Language, Thought*, trans. A. Hofstadter (New York: HarperCollins, 2001).

—*Prolegomena zur Geschichte des Zeitbegriffs. Gesamtausgabe*, vol. 20 (Frankfurt: Vittorio Klostermann, 1979).

—*The Question Concerning Technology and Other Essays*, trans. W. Lovitt (New York: Harper & Row, 1977).

—*Reden. Gesamtausgabe*, vol. 16 (Frankfurt: Vittorio Klostermann, 2000). —*Seminare. Gesamtausgabe*, vol. 15 (Frankfurt: Vittorio Klostermann, 1986).

—*Supplements*, trans. John van Buren (Albany: SUNY Press, 2002). — 'The Thing' , in *Poetry, Language, Thought.*

—*Unterwegs zur Sprache. Gesamtausgabe*, vol. 12 (Frankfurt: Vittorio Klostermann, 1985).

—*Vorträge und Aufsätze. Gesamtausgabe*, vol. 7 (Frankfurt: Vittorio Klostermann, 2000).

—*Was heisst Denken? Gesamtausgabe*, vol. 8 (Frankfurt: Vittorio Klostermann, 2002).

—*Wegmarken. Gesamtausgabe*, vol. 9 (Frankfurt: Vittorio Klostermann, 1976).

Kierkegaard, Søren, *Concluding Unscientific Postscript*, vol. 1, trans. Howard V. Hong and Edna H. Hong (Princeton: Princeton University Press, 1992).

Long, A. A. and Sedley, D. N. (eds), *The Hellenistic Philosophers*, vol. 1 (Cambridge: Cambridge University Press, 1987).

Mackie, J. L., *Ethics: Inventing Right and Wrong* (London: Penguin Books, 1977).

Searle, John R., 'The Limits of Phenomenology' , in *Heidegger, Coping, and Cognitive Science*, eds. Mark Wrathall and Jeff Malpas (Cambridge: MIT Press, 2000).

Spengler, Oswald, *Der Mensch und die Technik* (Munich: C. H. Beck, 1931).

Spindler, Konrad, *The Man in the Ice* (New York: Harmony, 1994). Thomson, Iain, *Heidegger on Ontotheology: Technology and the Politics of Education* (New York: Cambridge University Press, 2005).

Thomson, Iain, 'Heidegger and National Socialism', in *A Companion to Heidegger*, eds. Hubert Dreyfus and Mark Wrathall (Oxford: Blackwell, 2005).

Wilde, Oscar, *De Profundis* (New York: Vintage Books, 1964).

Wisser, Richard, *Martin Heidegger in Conversation* (New Delhi: Arnold-Heinemann, 1977).

# 进一步阅读建议

海德格尔传记类：

Ott, Hugo, Martin *Heidegger: A Political Life*, trans. Allan Blunden (Basic Books, 1993).

Safranski, Rüdiger, *Martin Heidegger: Between Good and Evil*, trans. Ewald Osers (Harvard University Press, 1999).

关于《存在与时间》：

Dreyfus, Hubert, *Being-in-the-World: A Commentary on Heidegger's* Being and Time, Division I (MIT Press, 1990).

Mulhall, Stephen, *Heidegger and* Being and Time (Routledge, 1996).

Blattner, William, *Heidegger's Temporal Idealism* (Cambridge University Press, 1999).

Carman, Taylor, *Heidegger's Analytic: Interpretation, Discourse, and Authenticity in* Being and Time (Cambridge University Press, 2003).

Kisiel, Theodore, *The Genesis of Heidegger's* Being and Time (University of California Press, 1995).

关于海德格尔与纳粹之间的牵连：

Neske, Günther, and Kettering, Emil (eds), *Martin Heidegger and National Socialism: Questions and Answers*, trans. L. Harries (Paragon House, 1990).

Wolin, Richard (ed.), *The Heidegger Controversy* (MIT Press, 1993). Sluga, Hans, *Heidegger's Crisis* (Harvard University Press, 1993).

关于海德格尔著作的总论：

Guignon, Charles (ed.), *The Cambridge Companion to Heidegger*, rev. edn. (Cambridge University Press, 2005).

Dreyfus, Hubert, and Wrathall, Mark (eds.), *A Companion to Heidegger* (Blackwell, 2005).

Dreyfus, Hubert, and Wrathall, Mark (eds.), *Heidegger Reexamined* (Routledge, 2002).

Volume One: *Dasein, Authenticity, and Death*

Volume Two: *Truth, Realism, and the History of Being*

Volume Three: *Art, Poetry, and Technology*

Volume Four: *Language and the Critique of Subjectivity*

Faulconer, James, and Wrathall, Mark (eds.), *Appropriating Heidegger* (Cambridge University Press, 2000).

Wrathall, Mark, and Malpas, Jeff (eds.), *Heidegger, Authenticity, and Modernity* (Cambridge: MIT Press, 2000).

Wrathall, Mark, and Malpas, Jeff (eds.), *Heidegger, Coping and Cognitive Science* (Cambridge: MIT Press, 2000).

**关于海德格尔后期哲学：**

Thomson, Iain, *Heidegger on Ontotheology* (New York: Cambridge University Press, 2005).

Young, Julian, *Heidegger's Later Philosophy* (Cambridge University Press, 2001).

网络资源

非常全面的《存在与时间》词典，其中还有一些颇为有用的背景材料：philosophisches-lesen.de/heidegger/suz/uebersicht。

有关海德格尔的生活和工作各方面的信息：webcom.com；德文版见：heidegger.org。

有关海德格尔互联网资源的指南：martin-heidegger.org以及epistemelinks.com。

关于海德格尔著作集方面的信息参见：klostermann.de；与其著作英译有关的信息参见：think.hyperjeff.net/Heidegger。

关于海德格尔生平和著述的信息可以参考弗莱堡大学设立的网站：ub.uni-freiburg.de。

海德格尔的论文存档于德国马尔巴赫的德国文学档案馆，相关档案资料参见：lamarbach.de/kallias/hyperkuss。

在海德格尔的故乡梅斯基希开设的网站上能找到关于海德格尔博物馆的信息：messkirch.de。

海德格尔在《筑·居·思》中讨论的黑森林农舍，虚拟展示可以访问黑森林天然博物馆：vogtsbauernhof.org。

若想要直观了解海德格尔关于技术把一切都作为资源来规整，灵活有效地供人使用的观点，访问上面任意链接皆可。

# 索　引

（原书页码）

**图书在版编目(CIP)数据**

如何阅读海德格尔 / (美) 马克·拉索尔(Mark Wrathall)著; 李贯峰译. -- 重庆 : 重庆大学出版社, 2024.1

(大家读经典)

书名原文: How to Read Heidegger

ISBN 978-7-5689-4250-8

Ⅰ. ①如… Ⅱ. ①马… ②李… Ⅲ. ①海德格尔(Heidegger, Martin 1889–1976) — 哲学思想 — 思想评论 Ⅳ. ①B516.54

中国国家版本馆CIP数据核字(2023)第231100号

如何阅读海德格尔
RUHE YUEDU HAIDEGE'ER

[美]马克·拉索尔(Mark Wrathall) 著
李贯峰 译

策划编辑: 姚 颖
责任编辑: 姚 颖
责任校对: 谢 芳
装帧设计: Moo Design
责任印制: 张 策

重庆大学出版社出版发行
出版人: 陈晓阳
社址: (401331) 重庆市沙坪坝区大学城西路21号
网址: http://www.cqup.com.cn
印刷: 重庆市正前方彩色印刷有限公司

开本: 890mm×1240mm 1/32 印张: 7.125 字数: 147千
2024年1月第1版 2024年1月第1次印刷
ISBN 978-7-5689-4250-8 定价: 52.00元

---

版贸核渝字(2021)第100号